_____ 님의 소중한 미래를 위해
이 책을 드립니다.

아들아,
**주식
투자**할 때
이것만은
꼭 기억하렴

우리 시대 투자에 처음 나서는
청춘들을 위한 엄마의 응원 메시지

권성희 지음

아들아,
주식
투자 할 때
이것만은
꼭 기억하렴

메이트북스

메이트북스 우리는 책이 독자를 위한 것임을 잊지 않는다.
우리는 독자의 꿈을 사랑하고,
그 꿈이 실현될 수 있는 도구를 세상에 내놓는다.

아들아, 주식투자할 때 이것만은 꼭 기억하렴

초판 1쇄 발행 2020년 9월 7일 | **초판 3쇄 발행** 2020년 11월 1일 | **지은이** 권성희
펴낸곳 ㈜원앤원콘텐츠그룹 | **펴낸이** 강현규 · 정영훈
책임편집 유지윤 | **편집** 안정연 · 오희라 | **디자인** 최정아
마케팅 김형진 · 차승환 · 정호준 | **경영지원** 최향숙 · 이혜지 | **홍보** 이선미 · 정채훈
등록번호 제301-2006-001호 | **등록일자** 2013년 5월 24일
주소 04607 서울시 중구 다산로 139 랜더스빌딩 5층 | **전화** (02)2234-7117
팩스 (02)2234-1086 | **홈페이지** www.matebooks.co.kr | **이메일** khg0109@hanmail.net
값 15,000원 | **ISBN** 979-11-6002-300-8 03320

이 도서의 국립중앙도서관 출판시도서목록(CIP)은 e-CIP홈페이지(http://www.nl.go.kr/ecip)에서
이용하실 수 있습니다.(CIP제어번호 : CIP2020035187)

투자는 부와 파산 사이를 오가는 위험한 항해이다.
이때 필요한 것은 훌륭한 배와 똑똑한 항해사일 것이다.
훌륭한 배란 무엇인가?
돈, 인내, 강인한 신경으로 무장한 배이다.
똑똑한 항해사는 어떤 사람인가?
경험이 풍부하고 주체적으로 생각하는 사람이다.

• 앙드레 코스톨라니(20세기의 전설적인 투자자) •

주식에 대한
건강한 철학을 들려주는 책

존 리(메리츠자산운용 대표)

OECD 국가들 중에서도 우리나라 사람들의 노후준비는 유난히 취약합니다. 어릴 적부터, 그리고 성인이 되어서도 돈 공부, 투자 공부가 안 되어 있기 때문입니다. 자녀가 잘 살길 바란다면 부모가 돈과 투자에 대해 알려줘야 하지만, 사교육만이 자녀의 행복과 성공을 위한 지름길이라고 생각하는 우리 사회의 풍토가 투자 교육을 가로막습니다. 자녀들 사교육비로 한 달에 100만~200만원씩 지출하면서도 정작 중요한 경제 교육은 시키지 않는 거죠.

공부만 잘하면 아이의 앞날이 술술 풀리고 노후까지 보장되던 시대는 지났습니다. 저성장 무한경쟁 시대를 맞아 자녀가 어릴 때부터 돈과 친해지게끔 금융 교육을 시키고, 일찍 주식 혹은 펀드에 투자해 경제 독립을 시켜줘야 합니다. 그런데도 공부를 많이 시키면 커서 부자가 되리라 막연하게 생각하고 최악의 결정을 내리는 부모들이 아직도 많습니다.

지금부터라도 자녀들에게 부자가 되는 법에 대해 알려줘야 합니다. 자녀가 20대 이후의 성인이 된다면 적극적으로 주식 투자를 권장해야 합니다. 부자란 내가 '돈'으로부터 독립하는 것입니다. 돈으로부터 독립하기 위해서는 투자의 세계를 일찍 배우고 경험하는 것이 좋습니다. 주식 투자를 안 하겠다는 것 자체가 위험한 생각이며, 그 좋은 걸 자녀에게 권하지 않는다는 것이 솔직히 이해가 되지 않습니다.

주식이라고 하면 단타 매매로 접근하는 이가 대다수인 우리나라의 안타까운 현실에서 주식 투자의 정석을 들려주는 좋은 책을 소개하게 돼 기쁩니다. '진짜 주식 투자'가 무엇인지 들려주는 투자 입문서로, 평소의 제 투자관과 거의 일치하기도 해 즐거운 마음으로 읽었습니다.

저자는 이 책의 맨 앞에서 돈 관리의 지혜를 소개합니다. 저 또한 주식 투자 그 자체보다는 돈과 투자에 대한 인식 전환이 먼저라고 생각합니다. 저자는 돈을 버는 것보다 덜 쓰고, 그렇게 아낀 돈으로 저축하고 투자할 것을 당부하는데 정말 중요한 지적입니다.

최근 청년들은 즐기는 삶을 상당히 중요하게 여깁니다. 하지만 돈을 쓰는 것에 대한 고민은 부자가 된 뒤에 해도 늦지 않습니다. 돈을 벌 생각보다 쓸 생각을 먼저 하기 때문에 돈이 모이지 않고 결국 가난한 것입니다. 신용카드 등을 사용하면서 당장의 작은 행복을 위해 돈을 쓴다면 미래의 부채에 투자하는 것과 같습니다. 그러나 그 돈을 아껴 주식을 산다면 부채가 아닌 자산에 투자하는 결과를 낳을 수 있습니다.

저자는 주식 투자에 나서는 아들에게 기술적 분석이나 단기 투자를 버리고 10년이고 20년이고 좋은 기업에 장기투자 할 것을 조언하는데 그 메시지에 100% 공감합니다.

주식을 살 때는 팔 생각을 하지 말아야 합니다. 특히 20대의 경우라면 지금 투자하면 적어도 10~20년 후에 찾는다고 생각하는 게 좋습니다. 하루나 몇 개월 사이에 고수익을 얻으려는 건 갬블링과 다름없습니다. 투기와 투자를 구분할 수 있어야 합니다. 고수익을 얻는 투자의 원칙은 단순합니다. 빚내지 말고 여유 자금으로 꾸준히 장기 투자하면 누구나 부자가 될 수 있습니다.

저자는 주식을 매입하기에 좋은 타이밍이란 따로 없다고, 그 날 그날의 눈에 보이는 가격 변동에 흔들리지 말라고 각별히 강조합니다. 인터뷰나 강연에서 저도 늘 각별히 강조하는 대목입니다.

오늘도 사고 내일도 살 건데 하루 오르고 하루 내리는 주가에 의미를 둘 필요가 없습니다. 현재의 주가에 일희일비하는 건 투기고 도박입니다. 예를 들어서 어떤 주식을 사서 20% 벌면 팔고 도망가고, 또 20% 손해 보면 손절매하고, 그건 투자가 아니라 도박인 셈입니다.

대부분 사람들이 주식을 사자마자 팔 궁리부터 하는데, 장기 투자를 하다 보면 100주가 1천주가 되고 평가금은 1억에서 10억이 되는 순간이 옵니다. 지금이라도 가치가 있다고 생각하는 주식이라면 싸든 비싸든 그냥 매입하면 되는 겁니다.

여전히 우리 사회에서 주식 투자를 바라보는 시선은 곱지 않습니다. '주식에 손대면 쫄딱 망한다'라는 낡은 사고를 가진 사람이 적지 않습니다. 주식 투자에 대한 세간의 부정적인 시선은 모두 금융 문맹 때문에 불거졌습니다. 아무쪼록 앞으로도 이런 책들이 많이 출간되어 건강한 투자문화가 정착되고 진정한 투자 선진국이 되길 바랍니다.

주식시장에 개인들이 대거 진입하며 주식은 이제 우리의 일상이 되어가고 있습니다. 특히 최근에 20대들의 주식시장 유입이 가파르게 증가하고 있는데 이 책이 든든한 가이드 역할을 하리라 생각합니다.

생애 처음으로 진입한 주식시장에서 단타를 일삼고, 기술적 분석을 추종하고, 빚을 내서 주식 투자하는 걸 당연시한다면 원점으로 돌아가 투자 공부를 완전히 다시 해야 합니다. 20대라면 주식 공부의 제대로 된 시작을 이 책과 함께하길 권합니다.

우직하고 꾸준한
주식 투자자가 되길 바라며

아들에게

아들, 네가 아주 어렸을 때, 그러니까 네가 내 품 안에 폭 싸여 잠들던 때, 그때 엄마가 생각하던 게 있어. 너와 내 가슴엔 보이지 않는 줄이 연결돼 있어서 우리가 어디에 있든 그 줄을 통해 사랑이 전달될 거라는 생각 말이야.

네가 이제 성인이 된 지금도 그 마음엔 변함이 없어. 사랑의 본질은 변하지 않았다는 뜻이야. 하지만 네가 내 품 안에 폭 안겨 있을 때와 성인이 되어 독립해야 하는 지금, 사랑의 방식은 바뀔 수밖에 없지 않겠니?

언제까지나 너를 내 품 안에 안고 보호해주는 것이 올바른 사랑은 아니니까. 이제는 내 품을 떠나 너 혼자 당당히 살아갈 수 있도록 도와주는 것이 올바른 사랑이겠지.

네가 너의 두 발로 우뚝 서서 독립할 수 있도록 나는 어떤 사랑을 줘야 할까? 안타깝게도 엄마는 네게 아파트도, 큰 돈도 물려줄 수가 없어. 네가 세상에서 조금 더 쉽게 독립할 수 있도록, 네 또래 다른 청년들보다 좀 더 앞서 출발할 수 있도록, 풍족한 물질을 지원해줄 수는 없어.

하지만 네가 돈을 모아 불릴 수 있도록 작은 지식은 선물하고 싶어. "물고기를 주지 말고 물고기 낚는 법을 알려주라"는 유대인 속담처럼, 물질은 주지 못해도 경제적으로 네가 독립하는 데 필요한 기본 지식은 전달하고 싶은 거야.

이 책은 경제적으로 독립해 자유를 누리기 위해 돈을 어떻게 관리해야 하는지 소개하면서 주식 투자에 초점을 맞추고 있어. 왜냐하면 은행에 예금을 해봤자 1년에 금리가 1%도 안 되는 시대에 돈을 불릴 수 있는 방법은 사실상 주식밖에 없다고 생각하기 때문이야.

이 책을 읽는다고 내용이 금방 다가오지는 않을 거야. 네가 직접 돈을 벌어 저축을 하고 주식도 사고팔며 시행착오를 겪으면서 경험으로 배워야 깨달아지는 게 있거든. 하지만 이 책이 최소한 불필요한 시행착오를 줄이는 데는 도움이 될 거라고 생각해.

살아가는 데 돈은 아주 중요해. 『바람과 함께 사라지다』라는 책이 있거든. 그 책에서 무역으로 큰돈을 번 레트 버틀러라는 인물이 돈이면 못하는 게 없다는 식으로 말하자 스칼렛 오하라란 여자 주인공이 돈으로 살 수 없는 것도 있다며, 예를 들어 사랑은 돈으로 살 수 없다고 말해. 그러자 레트 버틀러는 돈으로 살 수 없는 것이 있긴 하지만 비슷한 것은 살 수 있다고 대답하지.

엄마는 이 두 사람의 대화가 돈에 대해 많은 것을 얘기해준다고 생각해. 돈으로 못하는 것이 많은 것은 사실이야. 하지만 레트 버틀러의 말대로 돈으로 할 수 있는 것이 많은 것도 사실이야. 중요한 것은 돈이 없으면 할 수 없는 게 많아지고 돈으로 인한 결핍이 커지면 행복하기 어렵다는 거야.

나는 네가 경제적 결핍으로 행복하지 않은 삶을 살길 원하지 않아. 돈을 많이 벌고자 돈의 노예가 되는 것도 바람직하지 않지만, 돈이 없어서 돈의 노예가 되는 것은 더욱 바람직하지 않지. 이 책이 네가 돈의 노예로 살지 않고 경제적 자유를 얻어 나이가 들수록 부유해지도록 이끄는 가이드가 되길! 사랑한다, 아들.

독자들에게

지금의 젊은이들은 부모 세대보다 가난해지는 첫 세대라고 합니다. 경제적으로 더 이상 성장하지 못하고 정체되면서 일자리도, 소득도, 자산 증식도 위축되기 때문입니다.

지금의 부모 세대, 그러니까 50대 이상은 학교만 졸업하면 척척 취업이 되고 월급은 매년 오르고 은행에 돈을 넣어두면 지금으로선 상상하기 힘든, 높은 한자리수의 이자가 붙었으며 집을 사면 집값이 올랐습니다.

하지만 청년들은 졸업을 해도 취업하기 힘들고, 취업을 하더라도 비정규직이 많아 불안정하며, 은행에 돈을 넣어둬도 금리가 연 1%도 되지 않아 자산이 늘지 않습니다. 게다가 이미 집값이 폭등해 평생 월급을 모아도 집 한 채 장만할 수 있을까 말까입니다.

이런 불운한 시대에 어떻게 경제적으로 독립할 수 있을까요? 이 책은 주식 투자에서 답을 찾았습니다. 적은 돈으로 자산을 불릴 수 있는 거의 유일한 방법이 주식이니까요.

경제 전반적으로는 성장이 정체됐지만, 또 많은 부분이 자동화되면서 일자리는 줄었지만, 여전히 성장하는 기업은 있습니다. 이런 기업의 주식에 투자해 성장의 열매를 함께 누리면서 자산을 불려 나가자는 것이죠.

이 책은 벌어들인 소득을 어떻게 배분해 관리할 것인지, 주식이란 뭐고 어떻게 골라 투자하는지, 주식은 언제 사고 언제 팔아야 하는지, 주식으로 부자가 되는 것이 어떻게 가능한지 등에 대해 설명하고 있습니다.

제가 읽은 책과 직접 만나서 들은 투자 고수들의 노하우와 저의 투자 경험담을 버무려 내 아들에게 '이렇게 투자하라'고 알리고 싶은 내용을 책에 담았습니다. 수축의 시대를 살고 있는 청년 여러분들에게 이 책이 작은 도움이 된다면 저로선 더 없는 기쁨일 겁니다.

주식 투자는 평생의 업입니다. 긴 안목을 가지고 주가 등락에 일희일비하지 않고 우직하고 꾸준하게 투자하시기 바랍니다. 여러분 모두의 건승을 빕니다.

* 본문의 주가는 편의상 액면분할과 증자 등을 모두 감안해 계산한 주가입니다. 예를 들어 네이버는 2018년 10월에 5대 1로 액면분할을 했습니다. 당시 75만원가량이던 한 주를 15만원짜리 5주로 바꾼 겁니다. 하지만 본문에서는 2018년 이전 주가를 실제 거래되던 주가가 아닌, 2018년 액면분할을 감안해 계산한 주가로 표기했습니다. 주가 등락 추이를 쉽게 비교할 수 있도록, 주가가 75만원이었다면 15만원으로 표기한 겁니다.

· 차례 ·

추천사 주식에 대한 건강한 철학을 들려주는 책 · 6

지은이의 말 우직하고 꾸준한 주식 투자자가 되길 바라며 · 11

1장 엄마, 돈 관리는 어떻게 해?

◆ 소득의 최소 30%는 저축해라 · 25

◆ 10-4-3-3의 법칙을 기억해라 · 28

◆ 안전자산과 위험자산은 5:5로 유지해라 · 32

◆ 자산의 30%는 달러로 보유해라 · 38

◆ 청약은 주거래은행에, 적금은 저축은행에 · 43

◆ 적금은 쪼개고 만기는 분산해라 · 46

◆ 신용카드는 쓰지 마 · 50

◆ 자동이체가 부자 되는 길이다 · 54

2장 〈 엄마, 주식 투자하게 돈 좀 줘

◆ 네가 주식을 알아?   • 61

◆ 주식 투자는 왜 하려는 건데?   • 66

◆ 주식을 하면 안 되는 사람도 있어   • 70

◆ 이 용어 다 외우면 투자자금 쏜다   • 79

◆ 나무를 볼까, 숲을 볼까?   • 95

◆ 재무제표 어렵지? 딱 이것만 봐   • 100

◆ 차트 믿다 망하지 말고 이것만 기억해   • 107

◆ 증권사 고를 때 수수료보다 중요한 것   • 113

◆ 증권사 PB랑 친하게 지내, 너무 믿진 말고   • 116

◆ 주식 투자하기 전에 다섯 가지를 약속해   • 122

3장　엄마, 무슨 주식을 살까?

◆ 가치주 vs. 성장주, 어디에 투자할까?　　　　　• 133

◆ 성장주 투자, 칵테일에 취하지 마　　　　　• 137

◆ 좋은 기업이란 어떤 기업일까?　　　　　• 142

◆ 주가 예측은 하지 마, 타이밍은 소용없어　　　　　• 148

◆ 좋은 기업을 샀으면 존버해　　　　　• 154

◆ 좋은 기업도 팔아야 할 때가 있어　　　　　• 159

◆ 박스권 매매는 하지 마　　　　　• 165

◆ 분산투자의 진짜 의미를 알아?　　　　　• 171

4장 엄마, 이럴 땐 팔아, 더 사?

◆ 흥분하지 마, 대응 매뉴얼을 만들어 ・ 185

◆ 오르니까 더 사고 싶지? ・ 192

◆ 떨어지니까 팔고 싶지? ・ 197

◆ 내재가치는 사기야, 실은 네 확신일 뿐이지 ・ 203

◆ 위기가 닥쳤을 땐 이렇게 해 ・ 208

◆ 손절매, 무조건 안 하는 게 답은 아니야 ・ 213

◆ 저가매수? 네가 가치를 알아? ・ 219

◆ 차익실현할 때까지 네 돈이 아니야 ・ 224

5장 엄마, 주식 팔아 돈 쓰고 싶어

◆ 팔지 마, 시간이 돈이야 · 231

◆ 젊어서 부자 되고 싶다고? 뭐하게? · 235

◆ 부자라고 특별한 것은 없어! · 240

◆ 돈, 쓰는 재미보다 모으는 재미 · 244

◆ 주식 투자는 선택이 아니라 필수야 · 248

당장 주식 투자를 하고 싶어도 일단 참아. '무작정 투자'는 어쩌다 한두 번 성공할 수는 있어도 결국 실패할 수밖에 없어. 투자를 하기 전에 돈에 대한 큰 그림부터 그려야 해. 큰 그림이라고 하니까 3년 안에 100만원으로 1억원 번다, 뭐 이런 걸 생각하는 건 아니 겠지? 큰 그림이란 돈을 어떻게 관리할 것인지 구상해본다는 의미야. 주식 투자는 돈을 관리하는 과정 중에서 하나의 방법일 뿐이야. 먼저 네가 돈을 어떻게 관리할지 계획이 서 있어야 무슨 돈으로 어떻게 주식에 투자할지 결정할 수 있고, 주식으로 돈을 벌어도 흐지부지 쓰지 않고, 더 큰 자산으로 불릴 수 있어.

1장

엄마,
돈 관리는
어떻게 해?

소득의 최소 30%는 저축해라

• • •

돈 관리의 첫걸음은 너무나도 간단해. 네가 버는 돈보다 덜 쓰는 거야. 그러려면 네가 번 돈으로 먼저 저축을 하고, 남는 돈으로 소비하는 습관을 몸에 배게 하는 게 중요해.

아들, 너도 이제 대학생이잖니? 돈에 대해 알 때가 됐지. 엄마 아빠가 주는 용돈 가지고 쓸 생각만 하지 말고 돈을 어떻게 쓰고 어떻게 불려야 할지 알아야 한다는 거지.

워런 버핏이 2013년 미국의 경제채널 CNBC와 인터뷰에서 이런 말을 했어.

"내가 어린 시절 아버지에게 배운 것은 일찍부터 좋은 습관을 가져야 한다는 것이다. 저축은 아버지가 내게 가르쳐준 중요한 교훈이다."

버핏은 알지? 제프 베이조스 아마존 창업자 겸 CEO(최고경영자)와 빌 게이츠 마이크로소프트MS 창업자와 더불어 세계 5위안에 드는 부자 말이야. 버핏이 베이조스나 게이츠와 다른 점은 주식 투자로 부자가 되었다는 거야. 반면 베이조스와 게이츠는 기업을 세워 큰 부를 일궜어.

어쨌든 돈에 대해 네가 가져야 하는 첫 번째 지식이자 습관은 저축이야. 저축이 뭐니? 네가 번 돈에서 쓰지 않고 남겨놓은 돈이야. 너의 소득 중에 지출하지 않고 남긴 돈이 저축이란 말이지. 그러니까 네가 용돈을 받든, 나중에 돈을 벌든 가장 중요한 것은 생긴 돈을 다 쓰지 않고 남기는 거야.

이게 왜 중요하냐 하면, 영국 작가 찰스 디킨스의 『데이비드 코퍼필드』란 소설을 보면 이런 요지의 내용이 나와. 20만원을 벌어 19만 500원을 쓰고 살면 너무 행복한데, 20만원을 벌어 20만 5천원을 쓰게 되면 너무 비참하다고.

쓰고 남길 수 있으면 너무 행복한 게 돈인데, 쓰고 부족하면 사람을 비참하게 만드는 게 또 돈이란 거지. 그러니까 버는 돈 안에서 써서 돈을 남기는 것이 비참해지지 않고 행복하게 사는 데 정말 중요한 거야.

넌 이렇게 생각할 수도 있어. 많이 벌어야 남기지, 조금 벌면 어떻게 남기냐고. 그런데 엄마가 살아보니 돈을 남기는 건 99% 마인드와 습관의 문제더라.

물론 우리 사회에 먹고 살기 힘들 정도로 수입이 없어 돈을 못 남기는 사람도 있어. 이들은 국가가 복지제도로 지원해줘야지. 하지만 나머지 대부분은 버는 돈보다 씀씀이가 커서 저축을 못할 뿐이라고 엄마는 생각해. 자기가 버는 돈을 생각하지 않고 일단 쓰는 게 문제라는 거야.

돈이란 건 쓰자고 들면 아무리 많이 벌어도 부족해. 세상에 돈으로 즐길 만한 게 얼마나 많니? 수십억원 로또를 맞았다가 몇 년 후 빈털터리가 되는 사람들 소식이 뉴스를 통해 종종 나오잖아.

돈을 남겨서 모아야 미래를 위해 뭐라도 할 수 있단다. 집을 살 수 있고, 노후를 대비할 수 있고, 모은 돈으로 투자해 더 큰 돈을 모을 수도 있어. 돈이 있어야 돈을 벌 수 있거든.

그럼 얼마를 저축해야 할까? 소득의 최소 30%는 저축을 해야 해. 네가 사회에 나가 최저임금을 받는다 해도 월 200만원은 벌 거야. 그 중에 60만~70만원은 저축해야 한다는 거지.

이건 네가 독립해서 집세와 식비 등 생활비를 네가 부담할 때 기준이야. 네가 엄마 아빠와 살아서 집세도 식비도 들지 않고 용돈 정도만 쓴다면 150만원 이상 저축을 할 수 있다고 생각해.

쓸 돈은 조금 부족하다 싶을 만큼만 남기고 먼저 저축을 하는 것이 중요해. 소비는 습관이라 처음부터 좀 부족하게 쓰면서 절약이 몸에 배게 하는 게 필요하단다.

10-4-3-3의 법칙을 기억해라

. . .

무작정 돈을 모은다고 되는 게 아니야. 저축도 목적에 따라 영리하게 해야지. 10만원은 청약저축에 넣고 나머지는 4:3:3의 비율로 은행 적금과 주식, 연금에 나눠서 넣도록 해.

그럼 저축은 어떻게 할까? 방법을 알아야겠지. 그냥 무조건 은행의 자유입출금통장에 넣어두고 돈이 쌓이도록 할 순 없으니까. 월급이 들어오고 각종 비용이 빠져 나가는 자유입출금통장은 이자를 거의 안 줘. 그러니까 거기 돈을 쌓아두는 건 돈을 그냥 놀리는 거야. 돈이 일하게 해서 돈이 돈을 벌도록 하는 게 중요한데 말이야.

물론 요즘은 고객을 끌려고 이자를 꽤 주는 자유입출금통장이 있긴 한데, 여기에는 혹시 목돈 쓸 일이 생길 때를 대비한 비상금을 넣어두렴. 나머지 저축은 다른 곳에 모으는 게 좋아.

자유입출금통장은 돈을 인출할 때 아무런 불이익이 없어. 그래서 그냥 인출해서 쓰기가 쉬워. 사람이란 게 강제성이 전혀 없으면 하고 싶은 대로, 편한 대로 떠내려가는 성향이 있잖아. 돈을 모을 때도 중간에 쓰지 않고 꾸준히 오래 모을 수 있도록 장치를 마련해놓는 게 필요해.

이 장치 중 가장 기본이 돈에 꼬리표를 다는 거야. 돈의 용도를 미리 정해놓는 거지. 다시 말해 돈을 모으는 목적을 세우는 거야.

너는 돈을 왜 모으려 하니? 앞으로 결혼자금이 필요할 거고, 집도 사야 할 거고, 나이 들어서 좀 여유 있게 살고 싶기도 할 거야. 이런 목적을 고려할 때 너에게 가장 먼저 필요한 건 주택청약종합저축이야. 청약저축은 새 아파트를 분양받을 때 필요해.

청약저축의 자세한 내용은 네가 따로 알아보고 여기선 핵심만 요약할게. 우선 민영주택을 분양받으려면 가점이 높아야 하는데 가점은 무주택 기간, 부양가족 수, 청약저축 가입기간, 이렇게 세 가지로 정해져.

가점을 높이려면 우선 저축기간을 최대로 늘려놓는 게 필요하겠지? 저축기간에서 받을 수 있는 최고점수는 17점인데, 청약저축에 15년 이상 가입할 때 받을 수 있어. 그러니 일단 일찍 가입하는 게 중요해.

민영주택은 청약저축에 돈이 얼마나 있느냐에 따라 분양받을 수 있는 주택 면적이 달라져. 서울 기준으로 최소 300만원은 돼야 하고, 1,500만원이면 모든 면적에 다 청약이 가능해.

둘째, 국민주택이라는 것도 있는데 국민주택을 분양 받으려면 돈을 매달 넣는 게 중요해. 가입 후 24개월이 지나고 동시에 돈을 24회차 이상 납입해야 모든 지역에서 청약이 가능하거든.

그 다음으로 납입인정금액을 챙겨야 해. 국민주택에 청약하면 납입인정금액이 많은 순으로 당첨되거든. 무조건 돈을 많이 넣는다고 좋은 게 아니라 매달 인정해주는 최대 금액이 있어. 그게 한달에 10만원이야.

국민주택은 매달 10만원씩 10년은 넣어야 당첨 가능성이 있다고 봐. 그러니까 매월 10만원씩 오래 넣는 게 유리한 거지.

요약하면 청약저축은 일찍 가입해서 매월 10만원씩 넣으라는 거야. 나머지 저축은 4:3:3의 비율로 은행 적금과 주식, 연금에 넣어. 네가 매달 60만원씩 저축한다면 10만원은 청약저축에 넣고, 나머지 50만원 중 20만원은 원금이 보장되는 적금에, 15만원은 주식에, 15만원은 연금에 넣으란 얘기지.

적금은 집을 살 때 청약저축과 함께 종잣돈으로 쓸 돈이야. 주식은 장기적으로 너를 부자로 만들어줄 거고, 연금은 너의 안정된 노후를 보장해줄 거야.

물론 집이 워낙 비싸니 집을 살 때 적금으로 모은 돈으론 턱없이 모자랄 것이고, 주식을 팔아 돈을 마련해야 할 수도 있어. 하지만 장기적인 관점에서 주식은 모두 처분하지 말고 계속 했으면 해.

그리고 연금에 대해 할 말이 있는데, 넌 아직 젊은데 만 55세 이후에나 찾아 쓸 수 있는 연금에 돈을 넣으라니 좀 싫을 거야. 하지만 일찍부터 연금에 돈을 넣으라는 이유가 있어. 첫째는 세액공제 혜택이 있어 세금을 줄일 수 있기 때문이고, 둘째는 가입 기간이 길수록 이자에 이자가 붙는 복리의 효과로 수익이 커지기 때문이야. 연금에 넣은 돈의 총액이 같아도 가입기간이 길수록 더 많은 돈이 쌓인다는 의미야.

세액공제는 네가 1년간 연금에 넣은 돈 중 일정 비율을 계산해 이 금액만큼을 아예 세금에서 빼주는 거야. 연금에 돈을 넣는 만큼 세금을 덜 낼 수 있는 거지.

이 때문에 연금은 중간에 해지하면 돌려받았던 세금을 다시 토해내야 하는 등 불이익이 적지 않아. 그러니 이건 빚을 갚는 돈이라고 생각하고 아예 없는 셈치고 무조건 만 55세까지 유지해야 해.

중간에 쓸 돈이 필요하면 연금을 해지하고 싶겠지만 그냥 없는 돈이라고 생각하렴. 그럼 만 55세가 넘었을 때, 은퇴 후에도 돈 걱정 없는 너를 보게 될 거고, 그때 엄마에게 고마워할 거야.

안전자산과 위험자산은 5:5로 유지해라

· · ·

안전자산은 손해 볼 위험은 없지만 물가 상승에 따라 실질가치가 하락할 위험
이 있어. 위험자산은 손실 위험이 있지만 높은 수익률을 기대할 수 있지. 위험
관리를 위해 두 자산 모두 필요해.

네가 사적으로 가입할 수 있는 연금은 개인형 퇴직연금IRP과 연금저축이 있어. IRP는 소득이 있는 취업자라면 누구나 은행, 증권사, 보험사 등에서 가입할 수 있고 가입한 뒤에는 네가 금융상품을 골라 투자하면 돼. 어차피 네가 금융상품을 골라야 하니까 IRP는 수수료가 싸고 금융상품 종류가 많은 금융회사를 고르면 돼.

연금저축은 누구나 가입할 수 있는데 보험과 펀드가 있어. 은행에서 운영하는 신탁도 있는데 신탁은 이제 신규 가입은 안 되니 네가 선택할 수 있는 건 보험과 펀드, 이렇게 두 가지야. 보험

은 5천만원까지 원금 보장이 되지만 금리가 너무 낮아. 엄마는 손실 위험이 있더라도 펀드를 추천해.

펀드는 자산운용사가 여러 사람들의 돈을 모아 주식이나 채권에 투자하는 상품이야. 네가 펀드에 투자하면 자산운용사가 그 펀드를 통해 주식이나 채권에 알아서 투자하는 거지.

그런데 펀드도 종류가 굉장히 많아. 국내 주식에 투자하는 펀드, 미국 주식에 투자하는 펀드 등 투자 지역별로도 다양하고 기술주 펀드, 바이오주 펀드 등 투자하는 산업에 따라서도 종류가 많아. 어떤 주식에 투자할까 선택하는 것만큼이나 펀드를 고르는 것도 어렵다는 뜻이지.

펀드 투자에 대해서는 뒤에서 상세히 설명하기로 하고 여기에서는 네가 안전자산과 위험자산에 대한 개념을 명확히 했으면 해. 우선 안전자산은 위험이 없는 자산을 말해. 그럼 위험이 없다는 것은 무슨 뜻일까?

금융에서 위험, 다시 말해 리스크risk란 가격 변동에 따른 위험과 투자한 돈이든 빌려준 돈이든 돌려받지 못할 위험, 즉 채무불이행의 위험을 말해. 안전자산은 이 두 가지 위험 중에서 채무불이행의 위험이 없는 자산을 뜻해.

채무불이행의 위험이 없는 안전자산으로는 국채가 대표적이야. 국채는 네가 나라에 돈을 빌려주고 이자를 받는 거야. 그런데 나라가 망해서 돈을 못 갚을 가능성은 거의 없잖아. 특히 돈을 갚아야 하는 시기가 가까울수록, 즉 만기가 짧을수록 돈을 못 갚을 확률은 희박하지.

중요한 것은 안전자산도 가격 변동에 따른 위험은 있다는 사실이야. 국채도 시장에서 거래되는데 사는 쪽과 파는 쪽의 줄다리기에 따라 가격이 변하거든. 국채가 발행될 때 액면가에 사서 만기 때까지 갖고 있으면 액면가 그대로 원금을 돌려받고 약속한 이자도 받아. 하지만 네가 시장에서 거래되는 국채를 사면 손해를 볼 수도 있다는 뜻이야. 네가 산 가격보다 국채 가격이 더 떨어질 수도 있거든.

그러니까 경제학적으로는 채무불이행 위험만 없으면 안전자산이지만 투자자 입장에서는 그렇지 않은 거야. 어떤 경우에도 손해가 없어야 안전한 거니까.

채무불이행 위험도, 가격 변동의 위험도 없는 자산은 현금밖에 없어. 현금이라고 하니까 설마 집안에 지폐 뭉치를 쌓아두는 상상을 하는 건 아니지? 현금은 보통 은행에 보관하지. 집 장롱에 보관하는 것보다 안전하고 쥐꼬리만 하긴 하지만 이자를 주니까.

혹시 은행이 망하면 어떻게 하냐고? 예금자보호제도가 있으니까 걱정 없어. 5천만원까지는 원금과 약속한 이자를 보장해주는 제도거든.

그러니까 돈을 은행에 맡길 땐 이자가 붙는 것까지 고려해서 한 은행당 4,500만원 정도까지만 예치하는 것이 안전해. 특히 저축은행은 은행보다 규모가 작고 자본력도 취약해서 망할 가능성이 좀 더 높으니까 반드시 한 저축은행에 4,500만원 이상은 맡기지 않는 게 좋아.

또 한 가지 기억해야 할 것은 은행에서 가입하는 금융상품이라고 다 예금자보호가 되는 것은 아니라는 점이야. 은행에서도 원금 손실 가능성이 있는 금융상품을 팔거든. 은행 예적금만 원리금이 보장되는 안전자산이라고 간단하게 생각하면 돼.

엄마가 길게 안전자산과 위험자산에 대한 설명을 늘어놓은 건 자산배분이 중요하기 때문이야. 안전자산은 손실 위험이 없는 대신 수익률이 극히 낮아. 은행 예금금리는 연 1% 수준에 불과해. 1천만원을 1년간 은행에 맡겨봤자 이자는 10만원밖에 안돼. 여기에 이자소득세 15.4%까지 제하고 나면 네 손에 실질적으로 들어오는 이자는 8만 4,600원뿐이야.

게다가 은행 예적금에는 사람들이 간과하기 쉬운 리스크가 있어. 인플레이션에 따라 자산의 실질가치가 줄어들 수 있는 위험이야.

인플레이션은 물가상승률을 말하는데 자본주의 사회에선 물가가 매년 적정 수준으로 올라가야 해. 왜냐하면 사람들이 앞으로 상품 가격이 올라갈 것이라고 생각해야 지금 상품을 사거든. 가격이 떨어질 거라고 생각하면 지금 안 사고 나중에 사려 하겠지. 그러면 상품을 만드는 기업이 돈을 못 벌어 직원들에게 월급도 줄 수 없을 거고, 월급을 못 받으니 직원들은 물건을 살 수 없게 돼. 물가가 떨어지면 이런 악순환이 생기게 돼. 그래서 각국 정부는 매년 조금씩이라도 물가를 올리려고 하는 거야.

물가가 오르면 돈의 가치가 어떻게 될까? 떨어져. 지금은 자동차를 2천만원이면 샀는데 내년엔 2,100만원을 줘야 한다면 같은 돈으로 살 수 있는 가치가 떨어진 거지. 그러니까 현금이 안전하다는 것은 돈의 명목가치에 눈이 가려진 착각일 뿐이야.

이 때문에 미국의 유명한 헤지펀드 투자자 레이 달리오는 "현금은 쓰레기다 Cash is trash"라고 말했어. 현금의 실질가치는 물가상승률 때문에 계속 떨어진다는 점을 극단적으로 표현한 거야.

반면 위험자산은 높은 수익률을 올릴 수도 있지만 원금을 날릴 위험이 있어. 이건 돈의 실질가치가 떨어지는 것과는 비교할 수 없는 엄청난 손실이지.

그래서 재산은 안전자산과 위험자산에 적절히 분산해둘 필요가 있어. 안전자산과 위험자산을 어떤 비율로 분산하는 것이 좋은지에 대해선 여러 의견이 있지만 엄마는 안전자산 전체의 비율과 위험자산 전체의 비율은 생각하지 말라고 하고 싶어. 어차피 돈을 모아 집부터 사야 하니까 말이야.

대신 돈을 모으는 단계에서 안전자산과 위험자산에 분산하라고 하고 싶어. 엄마가 청약저축에 10만원을 넣고 나머지 저축액은 적금과 주식, 연금에 4:3:3으로 나눠 넣으라고 했잖아? 네가 연금을 펀드에 넣는다면 안전자산과 위험자산의 비율은 대략 5:5 정도가 될 거야. 청약저축과 적금은 안전자산, 주식과 연금은 위험자산이 되니까 말이야.

참고로 청약저축은 예금자보호 상품은 아냐. 하지만 손실을 걱정할 필요는 없어. 정부가 국민주택기금에서 조성된 재원으로 관리하니까 말야.

그리고 위험자산인 주식과 연금은 크게 걱정하지 않아도 될 거라고 생각해. 연금은 오래 유지해야 하니까 손실이 나도 만회할 시간이 있으니까. 주식도 장기적인 관점으로 접근한다면 최소한 인플레이션보다는 높은 수익률을 올릴 수 있을 거야. 자본주의 사회에서 기업이 성장하는 한 주가도 오르니까 말이야.

자산의 30%는
달러로 보유해라

• • •

원화가치가 하락할 때에 대비해 자산의 일부는 달러로 갖고 있을 필요가 있어. 하지만 이건 네 자산의 가치가 하락하는 것을 방어하기 위한 것이지, 환율로 차익을 올리기 위해서가 아니야.

자산을 관리할 때 안전자산과 위험자산으로 배분하는 것도 필요하지만 통화 구성에도 관심을 가질 필요가 있어. 글로벌 시대에 우리나라 돈, 즉 원화로만 자산을 모으는 것은 위험할 수 있거든. 원화 가치가 다른 나라 통화에 비해 떨어지면 네가 가진 원화 자산의 가치도 덩달아 하락하니 말이야.

우리가 신경 써야 할 외화는 달러 하나면 충분해. 세계에서 가장 많이 쓰는 통화가 달러니까. 특히 전 세계에 경제위기가 닥치면 모두 달러를 확보하는 데 혈안이 되거든. "위기 때 진정한 안전자산은 달러뿐"이라는 말이 있을 정도야.

물론 미국의 국가 부채가 너무 많아 달러 가치가 떨어질 것이라는 전망도 있어. 하지만 우리가 달러의 미래를 예측할 순 없잖니. 그냥 원화 가치 하락과 경제위기에 대비하는 차원에서 약간의 자산을 달러로 보유하는 거지.

달러 자산을 갖는 방법은 크게 달러예금과 미국 주식, 이렇게 두 가지가 있어. 달러예금은 은행에서 가입할 수 있고, 원화예금처럼 5천만원까지 예금자보호가 돼. 미국 주식은 어차피 달러로 사야 하니까 미국 주식을 보유하면 자연스럽게 달러 자산을 갖게 되는 거고.

이외에 달러 가치가 오르면 이익을 얻는 달러 ETF(상장지수펀드)나 달러로 투자하는 ELS(주가연계증권)도 있는데 엄마는 권하지 않아. 달러 ETF나 달러 ELS는 대개 달러 가치가 오를 때 차익을 얻는 상품인데, 달러의 미래 가치를 예측하고 투자하는 것은 바람직하지 않다고 생각하거든.

주식은 기업의 가치가 올라가면 가격이 함께 올라가지만 통화 가치는 그렇지 않아. 그 나라의 경제가 탄탄하다고 통화 가치가 올라가는 게 아니야. 나라간 통화 가치의 비교에 따라 환율이 결정되기 때문이야.

그런데 각국 정부는 자국 통화의 가치가 너무 많이 올라가는 것을 원치 않아. 통화 가치가 올라가면 자국에서 만드는 상품의 가격이 올라가 수출이 어려워지거든. 그래서 통화 가치를 올리지 않으려는 이른바 '환율전쟁'이 일어나는 거지.

그래서 환율은 어떻게 될지 아무도 몰라. 환율이 오르든 떨어지든 운에 맡길 수밖에 없는 거지. 그런 점에서 외환 투자는 홀짝게임이나 마찬가지야.

달러 자산을 보유하는 목적은 환차익을 얻는 것이 아니라 향후에 있을 수도 있는 원화 가치 하락에 따른 네 자산가치의 하락을 방어하는 거야. 이런 점에서 환차익을 노리는 투자는 하지 말라는 거지.

그런데 말이야, 예금은 안전자산인데 달러예금도 안전자산일까? 네가 한국에 산다면 위험자산이야. 어차피 그 돈을 쓸 때는 원화로 바꿔야 하는데 그 시점에 달러 가치가 네가 샀을 때보다 떨어졌을 수도 있거든.

예를 들어 달러예금을 들 때 환율이 1달러당 1,200원이었다고 해봐. 그런데 네가 돈이 필요해 달러를 원화로 다시 바꿀 때는 1달러당 1,100원이 됐어. 달러화 가치가 1,200원에서 1,100원으로 떨어졌으니 너는 1달러당 100원의 손해를 본 거야. 물론 이자를 감안하면 손해액이 약간은 줄겠지. 물론 네가 달러를 원화로 바꿀 때 달러 가치가 올라 있다면 환차익을 올릴 수도 있어.

달러예금도 이자가 미미하기 때문에 엄마는 네가 달러 자산을 예금보다는 미국 주식으로 보유하는 것이 좋다고 생각해. 다만 달러를 주식으로 보유하면 경제위기 때 환차익을 누리긴 어려워. 위기 때는 주가가 급락하거든. 이때 미국 주식을 팔면 달러 가치가 올랐어도 주가가 급락해 총 이익이 크지 않거나 오히려 손해를 볼 수도 있어. 달러 가치 상승으로 얻는 환차익보다 주가 하락에 따른 손실이 더 클 수 있기 때문이지.

하지만 환차익이 목적이 아니라 원화 가치 하락에 따른 자산 가치 하락에 대비하는 것이 목적이라면 미국 주식은 꼭 맞는 대안이라고 할 수 있어. 너의 총자산 측면에서 원화 가치 하락을 상쇄해줄 수 있으니 말이야.

그리고 막상 위기가 닥쳐 원화 가치가 급락해도 환차익을 누리긴 쉽지 않아. 달러 가치가 어디까지 오를지 모르니 달러를 언제 파는 것이 좋을지 판단하기가 쉽지 않거든. 게다가 요즘은 위기가 닥치면 미국 정부가 원화를 받고 우리 정부에 달러를 공급하는 통화 스와프를 체결하기 때문에 원화 가치가 과거 위기 때처럼 크게 하락하진 않더라고.

물론 미국 주식에 투자하는 것은 주가 변동의 위험에 환율 변동의 위험까지 있기 때문에 한국 주식에 투자하는 것보다 더 위험할 수 있어. 하지만 매달 적립식으로 달러를 매입해 미국 주식에 투자하면 장기적으로 환율 변동의 영향력은 미미해져. 달러를 매입하는 단가가 평균으로 수렴되거든.

그렇다면 달러 자산의 비중은 어느 정도가 적당할까? 매월 저축액의 10~30%가 적당하다고 생각해. 매월 저축할 돈 가운데 주식에 투자할 30% 내에서 미국 주식에 투자하는 거지.

우량 미국 주식은 주당 가격이 너무 비싸서 한 달에 한 주도 못살 수도 있어. 예를 들어 아마존은 한 주가 300만원이 넘거든. 이런 경우 매월 너의 증권계좌에 달러를 모았다가 한 주씩 사면 돼.

달러예금은 네가 집을 매입한 이후에 은행에 예금할 정도로 여윳돈이 생겼을 때 자산 배분 차원에서 가입하는 것이 바람직해. 그러니 달러예금 가입은 먼 훗날 얘기겠지.

청약은 주거래은행에, 적금은 저축은행에

• • •

주거래은행은 월급통장과 체크카드가 있는 은행이야. 주거래은행은 대출받을 때 유리한 조건을 제시해줄 가능성이 높아. 하지만 적금은 금리가 높은 저축은 행에서 만드는 것이 유리해.

네가 어떤 돈 거래를 하고 재테크를 하든 은행에 계좌는 반드시 필요해. 네 소득이 입금되도록 하고, 통신요금이나 카드 대금 등이 결제되도록 하는 은행 계좌는 있어야 하니까. 이런 계좌가 있는 은행을 주거래은행이라고 해.

주거래은행을 정해두면 돈을 이체하거나 자동화기기ATM에서 돈을 찾을 때 수수료를 물지 않아도 돼. 요즘은 은행마다 경쟁이 심해서 주거래은행이 아니라도 수수료 면제 혜택을 주는 곳이 많긴 하지만 말이야.

환전할 때 우대환율도 그래. 요즘은 주거래은행이 아니라도 환율우대를 해주는 곳이 많아서 과거보다 주거래은행의 장점이 많이 퇴색한 느낌이야. 그래도 대출받을 때는 주거래은행이 든든한 우군이 될 수 있어. 네가 급하게 돈을 빌려야 할 때 월급이 들어오고 카드 대금을 연체 없이 결제한 기록이 있는 은행이 아무래도 잘해주지 않겠니?

그래도 대출받을 땐 주거래은행만 믿지 말고 여러 은행에서 상담을 받아서 대출한도와 금리를 비교해보고 선택하는 게 중요해. 요즘에는 은행 간의 경쟁이 심해 주거래은행이 아닌데도 향후 월급 이체와 카드 사용 조건을 걸고 낮은 대출금리를 제시하기도 하거든.

그럼 대출받을 때 주거래은행의 장점이 뭐냐고? 네가 소득이 없을 때도 낮은 금리로 돈을 빌려줄 가능성이 있다는 거지. 은행에는 지점장 전결 금리라는 것이 있는데 지점장이 재량으로 어느 정도 조정할 수 있는 금리 한도야. 네 월급통장이 개설된 은행 지점이라면 지점장 전결로 금리 우대를 받을 수도 있지.

주거래은행에서는 월급통장과 그 통장에 연계된 체크카드를 만들고 각종 요금이 결제되도록 연결해두렴. 주택청약저축도 개설하고. 청약저축은 은행 간에 금리 차이가 거의 없으니까 주거래은행에서 가입하는 것이 유리하다고 엄마는 생각해. 대출받을 때 거래실적도 되고, 계좌 관리하기도 편하니까.

그렇다면 네가 매달 넣을 적금은 어떻게 할까? 적금은 그야 말로 금리가 중요하니까 주거래은행을 따지지 말고 금리가 높은 곳을 선택하면 돼. 금리는 은행보다 저축은행이 높으니까 저축은 행에서 가입하는 게 유리해. 인터넷에서 금리를 비교해보고 높은 금리가 적용되는 적금을 고르면 돼.

그런데 자유입출금 통장에 평균 잔액 얼마 이상, 자동이체 몇 건 이상 등 조건을 붙여 금리를 더 주는 상품은 피하는 게 좋아. 금 리가 좀 높아도 금액으로 따지면 더 받는 이자는 몇 푼 안 돼. 그런 데 골치 아프게 조건 맞춰 가면서 신경 쓸 필요는 없다는 거지.

네가 매월 30만원씩 1년간 연 2%짜리 적금에 넣으면 세금 제하고 이자가 3만 2,994원이야. 금리가 연 3%라고 해도 4만 9,491원인데 1년간 1만 7천원도 안 되는 이자 벌자고 까다로운 조건 맞추는 데 신경 쓰지 말라는 거야. 투자는 단순할수록 좋아. 그리고 예금자보호는 금융회사별로 원리금 5천만원까지만 되니 저축은행별 예치금액이 4,500만원은 넘지 않도록 하렴.

저축은행은 예적금만 하지 돈 빌릴 생각은 하지 말아라. 저축 은행은 은행보다 예적금 금리도 높지만 대출 금리도 높거든. 은 행에서 돈을 빌릴 수 없으니 저축은행에 가는 건데 그런 일이 발 생하지 않도록 돈 관리를 철저히 하라는 거야. 예적금은 저축은 행에서, 대출은 은행에서! 알겠지?

적금은 쪼개고
만기는 분산해라

· · ·

적금 통장은 다양한 만기로 여러 개 만들어 돈을 나눠 넣는 게 좋아. 적금 통장이 하나면 급하게 돈이 필요해서 중도 해지할 경우 적금을 다 깨는 셈이고 중도 해지로 손해보는 이자도 크니까.

이제 적금을 드는 방법을 알아보자. 그냥 모바일로 계좌 개설해서 돈만 이체하면 되는데 방법이라고 할 게 있냐고? 아니, 적금 통장 만드는 방법이 아니고 효과적으로 적금을 만기까지 유지하는 노하우랄까, 그런 걸 얘기해보자는 거지.

적금이란 게 쉬운 거 같지만 은근히 어렵거든. 뭐가 어렵냐면 약속한 만기 때까지 적금을 유지하는 게 어려워. 중간에 적금을 깰 수밖에 없을 것 같은 상황이 생기거든. 예를 들어 네 친구가 해외여행을 함께 가자고 할 수도 있고, 자가용이 필요한 상황이 생길 수도 있지.

하여간 적금을 들면 적금을 깨고 싶은 유혹이 계속 생겨. 적금은 중간에 해약하면 원래 약정했던 금리를 다 못 받아. 그리고 적금을 중간에 해약하는 게 버릇이 되면 결코 부자가 될 수 없어. 우직하게 인내하면서 오랫동안 돈을 모아 나가야 큰돈을 만들 수 있는데, 조금만 돈이 필요하면 그간 모아놓은 돈에 손을 대니 돈이 큰돈으로 모이지가 않지.

그래서 적금을 만기 때까지 꼭 유지해서 목표로 했던 돈을 타보는 경험이 정말 중요해. 이런 점에서 처음 적금을 들 때는 금리가 낮더라도 만기를 짧게 설정하는 게 좋아. 예적금 금리는 통상 만기가 길수록 높아지는데, 금리에 연연하지 말고 처음엔 만기를 3개월 정도로 짧게 가져가라는 거야.

아울러 적금은 돈을 쪼개 여러 개 드는 게 좋아. 네가 한 달에 20만원을 적금에 넣는다면 5만원씩 통장 4개를 만들라는 거지. 왜 번거롭게 그러냐고? 중간에 진짜 돈 쓸 일이 생길 때 그동안 모아온 적금 전체를 깨지 않도록 하기 위해서야. 20만원을 통장 하나에 넣어왔으면 이 통장을 깼을 때 적금을 처음부터 다시 시작해야 하잖아? 그런데 5만원씩 4개 통장에 돈을 모아왔으면 하나를 깨도 나머지 3개가 남는 거지.

적금 통장을 개설할 때 만기를 분산하는 것도 필요해. 적금 통장을 4개 만들었다면 만기를 각각 3개월, 6개월, 9개월, 12개월로 다르게 하는 거야. 만기가 3개월마다 돌아오도록 말이지. 그럼 중간에 돈을 쓸 일이 생겼을 때 만기를 고려해 어떤 통장을 깨면 좋을지 판단하기 쉽지.

그런데 넌 이런 의문이 생길 거야. 한 달에 5만원씩 적금에 넣어 3개월 뒤 만기 때 15만원 받으면 뭐 하냐고. 기껏 15만원인데 말이야. 맞아. 15만원이면 그냥 써버리기에 딱 좋은 돈이지. 그래서 예적금을 들 때 가장 중요한 것이 만기 때 받은 돈을 잘 관리하는 거야.

네가 돈을 불리고 싶다면 만기 때 받은 돈은 이자까지 합해 그대로 굴려야 돼. 요즘 적금엔 추가 납입 기능이 있거든. 그러니까 5만원씩 연 1.5% 금리로 3개월을 채우면 세금을 제하고 총 15만 317원을 받는데, 이걸 그대로 기존에 넣어왔던 6개월 만기짜리 적금에 추가 납입하는 거야.

그리고 매월 5만원씩 1년짜리 적금에 또 가입하는 거지. 처음 적금을 시작하고 3개월 지난 시점이니까 너의 나머지 3개 적금의 만기는 각각 3개월, 6개월, 9개월 뒤니까 다시 1년짜리 적금을 만드는 거야.

이때부터 3개월이 지나면 15만 317원 추가 납입한 것을 합해서 45만 7,150원을 받게 돼. 이걸 다시 3개월 뒤 만기가 돌아오는 적금에 추가 납입하는 거야. 이렇게 하면 이자에 이자가 붙는 복리효과를 누리며 돈을 불릴 수 있게 돼.

명심할 것은 만기 때 받은 저축은 하나도 손대지 않고 1원 단위까지 다시 저축해야 한다는 점이야. 웬만한 일이 아니면 돈 쓰지 말라는 거지.

신용카드는 쓰지 마

• • •

신용카드는 돈을 먼저 쓰고 나중에 저축하게 만들어. 하지만 부자가 되려면 먼저 저축한 다음에 써야 해. 설사 대출이 있다 해도 모든 돈을 빚 갚는 데 쓰지 말고 조금이라도 저축을 해야 해.

2002년에 우리나라에 '카드 사태'라는 것이 있었어. 카드사들이 소득이 없는 무직자와 대학생, 심지어 고등학생에게까지 신용카드를 발급해줬다가 카드 빚을 못 갚는 사람들이 속출한 거야. 이 결과 당시 우리나라에서 가장 큰 카드사였던 LG카드가 파산 위기에 몰려 현재의 신한카드에 팔렸지.

엄마가 18년 전의 카드 사태를 얘기하는 건 신용카드란 것이 카드사 돈으로 소비한 뒤에 돈을 갚는 구조라는 걸 강조하고 싶어서야. 일단 남의 돈으로 쓰고, 한 달에 한 번씩 정해진 날 빌려 쓴 돈을 갚는 거지.

50

물론 카드대금을 납부해야 하는 날, 전체 금액이 아니라 일부만 갚는 리볼빙 서비스를 이용하거나 카드 결제금액을 몇 달에 나눠 내는 할부 서비스를 이용하지 않는다면, 다시 말해 그 달 카드대금을 미루지 않고 전액 갚는다면 너에게 발생하는 비용은 없어.

그러니까 넌 신용카드에 대해 이렇게 생각할 수도 있지. '한 달 이내에 갚기로 하고 무이자로 남의 돈을 빌려 쓸 수 있으니 좋은 거 아니냐'라고 말이야.

게다가 매달 카드를 일정 금액 이상씩 쓰면 마트나 주유소, 극장, 커피숍 등에서 카드 결제시 할인 혜택도 있지. 그러니 카드를 잘 쓰면 이득이라고 생각하기 쉬워.

그런데 결코 그게 아니란다. 신용카드의 가장 큰 문제점은 돈에 대한 너의 통제력을 약화시킨다는 점이야. 월급을 받으면 여기저기 저축하고 매월 고정적으로 나가는 통신요금과 교통비 같은 것을 내고 일정 금액은 용돈으로 쓰고, 이런 식으로 계획을 세워 관리할 수 있어야 하는데 신용카드는 이걸 어렵게 만들어.

월급이 들어오면 카드대금이 빠져나가고 너는 그 나머지 돈으로 저축하고 고정비를 지출하고 식비와 용돈 등을 써야 해. 이 말은 네가 먼저 쓴 뒤 저축한다는 거지. 이건 돈을 모을 때 심각한 문제야.

돈을 모으려면 먼저 저축하고 그 다음에 써야 해. 이건 부자가 되기 위한 가장 기본적인 원칙이야.

너에게 대출이 있다고 해보자. 그래도 먼저 저축하고 대출을 갚아 나가야 해. 이자 나가는 게 아깝다고, 빨리 빚을 갚겠다고 따로 저축하는 돈 없이 전 재산을 몽땅 빚 갚는 데만 쓰면 불의의 사고로 돈이 필요할 때 넌 또 돈을 빌려야 해. 그런데 이미 빚이 있기 때문에 대출받는 것이 아예 어렵거나 대출이 되더라도 대출금리가 높아질 수 있어.

대출을 갚아 나가면서 저축도 해야 하는 또 다른 이유는 저축이 있어야 투자를 해서 부를 키울 수 있기 때문이야. 다시 말해 네가 집을 사느라 주택담보대출을 받았다면 매달 원리금을 갚아 나가면서 적은 금액이라도 투자나 연금 납입은 계속 해야 한다는 거지.

신용카드의 또 다른 문제는 소비를 절제하기 어렵게 만든다는 점이야. 네가 카드 사용한도를 한 달에 100만원으로 설정해 놓았다면 100만원까지 쉽게 쓸 수 있게 돼. 카드사의 각종 할인 혜택도 결국 돈을 써야 받는 거야. 돈 쓰고 혜택 받는 것보다 애초에 안 쓰고 혜택을 안 받는 것이 낫지 않을까?

결론적으로 네가 먼저 저축하는 습관과 소비를 절제하는 습관을 몸에 익히기 전까지는 통장 잔액 내에서만 쓸 수 있는 체크

==카드만 사용하는 것이 좋아.==

너의 주거래은행 계좌에 월급이 들어오잖아? 그럼 저축을 하고 고정비가 나가도록 한 뒤 네 한달 용돈만 남기고 나머지는 비상금 통장에 옮겨놔. 이렇게 하면 월급통장에 네가 남겨놓은 한달 용돈 내에서 체크카드를 쓰니까 지출을 제한할 수 있게 돼.

비상금 통장은 언제든 찾아 쓸 수 있어야 하니까 자유입출금 통장으로 하나 만들면 돼. 요즘은 자유입출금 통장에도 상당한 금리를 주는 곳이 있으니 비상금 통장은 금리를 보고 선택하는 게 좋아. 굳이 주거래은행에 만들 필요가 없다는 거지.

월급통장 잔액보다 지출이 많으면 비상금 통장에 있는 돈을 월급통장으로 이체해 쓰면 돼. 반대로 다음달 월급 때 비상금 통장에 잔액이 필요 이상으로 많으면 적정 수준 이상의 돈은 추가 납입 기능을 이용해 적금 통장으로 옮겨놓으면 돼.

비상금은 통상 세달치 생활비가 적절하다고 해. 하지만 자유입출금 통장에 돈이 많으면 자꾸 쓰고 싶어지니까 한달치 생활비 정도만 비상금으로 유지하고 나머지는 다 예적금에 넣는 것이 더 나아. 한달치 생활비 이상의 돈이 필요한 경우는 별로 없기 때문에 그런 이례적인 상황에서는 그냥 적금 통장 하나를 깨는 것이 더 낫다는 거지.

자동이체가 부자 되는 길이다

• • •

자동이체는 저축을 자동화하는 방법이야. 월급을 받는 즉시 자동이체가 되도록
해놓으면 돈이 없다고, 잊어버렸다고, 주가가 떨어질 것 같다고 저축이나 투자
를 빼먹는 일은 없을 거야.

미국의 재테크 전문가인 데이비드 바크가 지은 『자동으로 부
자되기』란 책이 있어. 이 책은 재테크를 자동화하면 누구나 부자
가 될 수 있다는 내용을 담고 있어.

재테크 자동화란 다음의 두 가지를 의미해. 첫째는 먼저 자기
자신에게 투자하라, 둘째는 자동이체를 통해 저축을 자동화하라.

먼저 자기 자신에게 투자하라는 것은 빚을 갚고 각종 고지서
가 요구하는 돈을 내기 전에 먼저 자신의 미래를 위해 돈을 모으
라는 거야. 바로 앞에서 설명한 내용이지. 그리고 먼저 자기 자신
에게 투자하는 방법이 자동이체인 거야.

네 월급이 200만원인데 이 중 60만원을 너의 미래를 위해 투자하기로 했다고 하자. 그럼 앞에서 설명한 대로 월급이 들어오자마자 10만원은 청약저축에, 20만원은 적금 통장에, 15만은 증권 계좌에, 15만원은 연금 계좌에 자동적으로 이체되도록 하는 거야. 자동이체는 각 금융회사 모바일 앱에서 쉽게 설정할 수 있어.

이렇게 해놓으면 넌 200만원이 아니라 140만원 내에서 소비하며 사는 데 익숙하게 돼. 월급이 늘어나면서 매월 자동이체 하는 저축액을 늘려 나가면 10년, 20년, 30년이 지나면서 너는 점점 더 부자가 될 거야.

사람들은 돈을 많이 벌어야 부자가 될 수 있다고 생각하는데, 부자가 되는 것은 버는 돈이 아니라 쓰는 돈에 달려 있어. '돈을 얼마나 많이 버느냐'보다 더 중요한 것은 '얼마나 쓰고 어디에 쓰느냐'야. 돈을 많이 버는 사람을 부러워하며 돈을 더 벌려고 노력하는 것보다 너의 씀씀이를 절제하고 관리하는 것이 훨씬 더 중요하다는 뜻이지.

이건 돈을 모아 부자가 되기 위한 방법일 뿐만 아니라 삶의 태도로써도 마음 깊이 새겨야 해. 네가 돈을 많이 버는 사람을 바라보면 비교가 되면서 질투심이 생길 것이고, 돈을 더 벌려고 안간힘을 쓰게 될 수도 있어. 그러다가 돈 욕심 때문에 편법을 행하기도 하고, 무리를 하다 오히려 일을 그르치거나 건강을 상하거나 가정에 불화가 생길 수도 있지. 이건 정말 바람직하지 않은 일이야.

돈은 결코 인생의 목적이 아니야. 돈 때문에 너의 인격과 건강, 가정을 희생해선 절대 안 된단다.

반면 너의 씀씀이에 주목하면 너의 재정 상황을 객관적으로 보면서 네 처지를 인정하게 되고 겸손하게 되지. 그 겸손함으로 네 소득에 맞게 소비하면서 저축하게 되고, 시간이 흐를수록 차츰 돈이 불어나 부자가 되는 거야.

그러니까 소득이나 재산으로 남과 비교하지 말고, 절대 돈 욕심 부리지 말며, 네 처지에 맞는 알뜰한 소비를 해라. 이게 성인이 된 너에게 주는 가장 중요한 돈과 관련한 엄마의 조언이란다.

주식 투자란 게 돈만 있으면 할 수 있을 것 같지? 그렇지. 물론 돈만 있으면 증권사에 계좌를 만들고 아무 주식이나 살 수는 있지. 하지만 이런 '깜깜이' 상태로 주식 투자를 시작했다간 돈만 날릴 공산이 커. 세상의 다른 모든 것과 마찬가지로 주식 투자를 하는 데도 기본 지식이 반드시 있어야 해. 최소한 주식이란 게 뭐고 주가를 오르내리게 하는 요인은 뭔지, 주식 투자에 쓰이는 용어는 뭔지 알아야 한다는 거지. 여기에서 소개하는 내용은 주식 투자를 시작하기 전에 반드시 알아야 하는 '가나다' 같은 거라고 생각하면 돼.

2장

엄마,
주식 투자하게
돈 좀 줘

네가 주식을 알아?

• • •

주식에 투자한다는 것은 그 기업의 주주가 되는 거야. 갖고 있는 주식만큼 그
기업에 대해 책임과 권한이 있다는 의미지. 그러니 주식을 살 때는 기업을 인수
한다는 마음을 가져야 해.

"엄마, 내가 그러게 그때 애플이랑 마이크로소프트 사랬지?
주식 투자를 왜 그렇게 못해? 엄마, 차라리 돈을 나한테 줘. 내가
해줄게."

네가 주식 투자를 하겠다고 돈을 달라고 했을 때 엄마는 진짜
황당했어. 네가 애플하고 마이크로소프트 사라고 한 건 맞지. 그
런데 넌 주식이 뭔지도 잘 모르잖아. 그냥 사람들이 좋다니까 사
라고 한 거잖아.

주식이 바둑처럼 훈수 두기는 쉬워도 직접 해보면 달라. 애
플이랑 마이크로소프트가 사람들 말대로 진짜 좋은지, 주가는 항

상 움직이는데 지금 샀다가 손해 보는 건 아닌지, 애플과 마이크로소프트 중에 뭐가 나은지, 혹시 더 좋은 주식이 있는 건 아닌지, 온갖 생각이 다 떠오르지. 주식 투자는 해보면 정말 종합예술 같아. 고려할 게 너무 많아서 주식 투자를 제대로 하면 치매 예방에 도움이 되겠다는 생각도 든다니까.

그렇다면 도대체 주식이란 뭘까? 네가 회사를 세운다고 해보자. 그럼 돈이 필요하잖아? 이 돈을 자본금이라고 해. 자본금으로 1억원이 필요한데 넌 5천만원밖에 없어. 그래서 나머지 5천만원은 다른 사람에게서 구해야 한다고 해보자. 다른 사람에게 돈을 구하는 방법에는 빌리는 것과 투자를 받는 것이 있어.

돈을 빌리는 것은 언제까지 갚기로 하고 돈을 쓰는 대가로 이자를 주는 거야. 반면 투자 받은 돈은 갚을 필요가 없어. 대신 투자한 만큼 회사에 대한 책임과 권한을 나누는 거야.

그럼 책임과 권한을 어떻게 나눌까? 갖고 있는 주식만큼 나누는 거야. 그래서 주식이란 개념이 필요해. 어떤 회사에 각 투자자들이 어느 만큼의 책임과 권한을 갖고 있는지 명확히 하기 위해서이지. 어떤 회사 주식을 갖고 있을 때 지분持分을 갖고 있다고 말하는 것도 이 때문이야. 지분이 몫이라는 뜻이잖아. 즉 어떤 회사에 내 몫을 갖고 있다는 거지.

그렇다면 주주의 책임과 권한은 뭘까? 주주가 지는 책임은 회사 경영이 잘 되지 않았을 때 주식에 투자한 돈에서 손실을 입는 것이고, 주주가 갖는 권한은 회사의 중요한 의사결정에 찬성하는지 혹은 반대하는지 표결에 참여할 수 있는 의결권이야.

이런 주주의 책임과 권한의 몫을 명확히 하기 위해 투자를 받으려면 주식을 발행해야 하고, 당연히 주식의 가격도 정해야 하는 거지. 한 주당 5천원, 이런 식으로 말이야. 회사를 세울 때 정한 한 주당 가격은 액면가라고 하는데 통상 5천원이 많아.

주당 액면가가 5천원이고 자본금이 1억원이면 주식을 2만주 발행한 거지. 그리고 5천만원을 투자 받았다면 너는 전체 주식의 50%인 1만주를 투자자에게 넘긴 것이고, 그 투자자는 네 회사에 50%만큼의 책임과 권한이 있는 거야.

이렇게 회사를 세워서 잘 운영하고 있는데 해외에 진출하면 돈을 더 많이 벌 수 있을 것 같은 거야. 그런데 회사에 있는 돈으로는 해외에 진출하는 데 필요한 비용을 충당할 수가 없어. 그래서 주식을 더 발행해 돈을 더 투자 받으려고 한다고 해보자.

이때 네 회사가 유망하다고 생각해서 투자하고 싶어 하는 곳이 많으면 주식을 액면가보다 비싸게 팔 수가 있어. 예를 들면 한 주당 8천원으로 말이야. 그럼 초기에 액면가로 주식을 샀던 사람들은 주식 가치가 60% 오른 거지.

이때까지는 벤처캐피탈이 주로 투자에 참여해. 벤처캐피탈은 모험자본이라고 하는데 초기 기업에 투자하는 돈이야. 초기 기업은 망할 가능성이 적지 않기 때문에 모험자본이라고 하는 거야.

벤처캐피탈은 투자한 기업이 잘 정착해 주식시장에 상장하게 되면 주식을 팔아 이익을 남겨. 상장할 때 주가는 액면가는 물론 벤처캐피탈이 투자했던 가격보다 훨씬 높거든. 그리고 기업은 상장할 때 주식을 더 발행해서 더 많은 자본을 모아.

상장은 엄마 같은 일반인들도 투자할 수 있는 시장에 주식이 거래되도록 하는 거야. 주식시장에서는 아무나 주식을 사고팔 수 있기 때문에 주식을 상장하려면 보통 사람들이 투자해도 괜찮은 기업인지 심사를 받아야 해.

심사를 통과하면 먼저 투자자들에게 주식을 사겠다는 청약을 받아. 이때는 공개적으로 투자자를 모으기 때문에 주주를 공개모집, 즉 공모한다고 해. 그러니까 투자자를 공모하는 주식은 공모주가 되고, 공모주의 가격은 공모가가 되는 거지.

상장 과정을 거치지 않으면 투자자를 공모할 수 없어. 투자자들을 사적으로 모집, 즉 사모해야지. 상장 전에 벤처캐피탈 같은 곳에서 투자를 받는 것이 사모라고 할 수 있어.

투자자 공모를 거친 주식은 드디어 주식시장에 상장되어 누구나 사고팔 수 있게 돼. 상장되자마자 시장에서 처음 정해진 가격을 시초가라고 한다는 것도 알아둬. 그리고 이렇게 주식을 시장에 상장하는 과정을 기업공개IPO, Initial public Offering라고 해.

그러니까 네가 주식을 산다는 것은 그 기업의 주주가 된다는 거야. 기업에 투자해 주인으로 참여한다는 의미지. 물론 경영할 수 있는 권한은 주식을 가장 많이 보유한 대주주가 갖고 있지. 하지만 단 한 주를 보유한 소액주주라도 기업의 지분을 가진 여러 주인들 중 한 명이야.

주인이 되는 건데 아무 주식이나 살 수는 없잖아? 네가 투자하려는 회사가 무엇으로 돈을 벌고 1년에 매출과 이익은 어느 정도 되는지, 경영권을 쥐고 있는 대주주는 누구이고 시장에서 어떤 평가를 받고 있는지 정도는 알아야 하지 않겠니?

엄마가 강조하고 싶은 요지는 주식 투자를 하려면 기업을 산다는 마음으로 해야 한다는 거야. 주식시장에는 주가가 1천원도 안 되는 주식도 있어. 주가가 싸다고 쉽게 사고팔지 말라는 거야. 언제나 기업을 인수하고 매각한다는 심정으로 접근하라는 거야.

주식 투자는 왜 하려는 건데?

· · ·

네 생계수단은 일이고, 주식은 재테크 수단이야. 주식에 전부를 걸지는 말라는 말이야. 주식을 왜 하고 언제 주식을 팔아 현금화할지 정해놓아야 휩쓸리지 않고 성공적으로 투자할 수 있어.

네가 진지하게 주식 투자를 하겠다며 100만원이라도 달라고 했을 때 엄마는 좀 당황했어. '얘가 뭘 알고 주식 투자를 하겠다는 거야?' 하는 마음이 들었거든. 넌 진짜 주식 투자를 하고 싶다고, 잘할 자신이 있다고 했지.

네가 주식 투자를 잘하고 못하고는 나중 문제야. 그보다 먼저 생각해봐야 할 것이 있어. 주식 투자를 왜 하려는 건지 생각해봐야 해. 물론 넌 돈을 벌겠다는 거겠지. 사실 이게 주식 투자를 하는 모든 사람들의 이유일 거야. 돈을 벌고 싶다는 것!

하지만 돈을 벌 수 있는 방법은 많아. 취직을 해서 돈을 벌 수도 있고, 장사를 할 수도 있지. 그런데 왜 주식이야? 일은 일대로 하고 주식 투자로 돈을 불리고 싶다고? 네가 받은 월급을 모으고 불리는 방법으로 주식 투자를 하고 싶다는 거지?

이건 아주 중요한데 너의 생계수단은 취업해서 받는 월급이든 장사를 해서 버는 돈이든 일해서 얻는 수입이란 점이야. 주업이 일이란 거지. 이 말은 네가 주식에 너무 많은 시간과 에너지를 쏟아선 안 된다는 의미야. 주업과 재테크를 혼동하지 말라는 거지.

주식 투자에 너무 많은 돈을 투입해서도 안돼. 너의 경제기반을 뒤흔들 만한 돈은 주식에 투입하지 말라는 거야.

특히 인생역전의 기회가 왔다며 있는 돈, 없는 돈, 다 끌어 모아 주식에 몰빵할 생각은 꿈도 꾸지 마. 주식 투자는 재테크일 뿐이야. 주식으로 큰돈 벌어 직장을 때려 치겠다는 바보 같은 생각은 하지 말라는 거야.

재테크 수단으로 주식 투자를 한다는 점을 명확히 했으면, 이제 돈을 모아 불리는 목적을 정해놓아야 해. 목적이 없으면 돈을 모은 뒤에 엉뚱한 곳에 써버릴 수 있거든. 적금을 시작할 때 미리 만기에 받을 목돈을 어떻게 사용할지 정해놓아야 하는 것처럼 주식 투자를 시작할 때도 목적을 분명하게 세워둬야 해.

앞에서도 얘기했지만 너도 거주할 집은 사야 할 테니 주식 투자해서 모은 돈은 일단 집 살 때 보태야 하지 않겠니? 하지만 집을 산다고 갖고 있는 주식을 몽땅 처분해서 현금화하진 말아라. 집 사는 돈은 청약저축과 적금, 주택담보대출 순으로 마련하고, 필요하면 일부 주식을 팔아 보탠다고 생각해.

네가 우량 주식을 보유하고 있다면 오래 가지고 있을수록 가치가 눈덩이처럼 불어날 거야. 집을 산다고 다 팔아버리면 자산을 크게 불릴 수 있는 기회를 놓칠 수 있어. 그러니 주식은 집을 사기 위해 한다고 생각하지 말고 그냥 평생 꾸준히 한다고 생각해. 다만 집을 살 때와 은퇴 후 생활비가 필요할 때 일부 주식을 팔 수 있다고 정해놓으면 되지.

이렇게 하면 투자기간이 자연스럽게 정해지지? 주식을 처음 현금화하는 시기가 집을 살 때인데 집은 앞으로 빨라도 10년 후에나 살 수 있지 않을까? 그러면 지금부터 최소 10년 이상은 바라보고 주식에 투자할 수 있게 되는 거지.

주식 투자를 시작할 때 이처럼 현금화하는 시기를 정해 투자기간을 세워놓는 게 중요한데, 단기간을 생각하고 주식을 사는 것과 장기간을 바라보고 주식을 사는 것에는 차이가 있어서 그래. 시야를 짧게 두면 조금만 주가가 올라도 팔고 싶고, 조금만 주가가 떨어져도 불안해지거든. 하지만 최소 10년 이상을 생각하고 투자하면 당장 많이 오르거나 오를 것 같은 주식보다 10년간 꾸

준히 성장할 것 같은 기업을 찾게 돼. 그리고 작은 주가 변동에 연
연하면서 주식을 자주 사고파는 것도 어느 정도 피할 수 있게 돼.

이렇게 생각하렴. "나는 집을 살 때까지 주식에 투자한 돈을
꺼내 쓰지 않기로 결심했다"고. 그러면 주식을 팔아도 어차피 다
른 주식을 사야 되니 주식을 팔 때 더 신중해지겠지. 이 주식보다
더 좋은 주식이 있다는 생각이 들 때만 팔 수 있으니까.

결과적으로 네가 좋은 주식을 갖고 있다면 단기적으로 주가
가 하락해 손실이 나더라도 자연스럽게 팔지 않고 인내할 수 있
게 되겠지. 좋은 주식이라면 그 주식을 팔아봤자 살 만한 더 좋은
주식은 찾기 힘들 테니까.

좋은 주식을 갖고 있고 투자기간이 넉넉하다면 넌 그저 기다
리기만 하면 돼. 시간이 지나가면서 주가는 결국 우상향하며 오
를 테니까.

주식을 하면
안 되는 사람도 있어

• • •

단기적으로 필요한 돈이라면, 주가 변동에 감정이 널뛰듯 한다면, 손해 보고는 못 사는 성격이라면, 사업을 할 생각이라면, 주식으로 대박을 꿈꾼다면, 주식 투자는 절대로 하지 마.

엄마는 네가 주식을 하는 게 좋다고 생각해. 아니, 자산을 불리고 관리하려면 주식은 선택이 아니라 필수라고 생각해.

하지만 주식을 해선 안 되는 돈이 있고, 안 되는 사람도 있어. 네가 여기에 속한다면 부디 주식은 하지 마. 주식으로 부를 쌓기는커녕 손실을 보고 낭패를 당할 수도 있어. 심하면 재산을 다 날릴 수도 있어. 다음의 부류에 네가 하나라도 속한다면 주식 투자는 절대 하지 마.

단기자금이 필요한 사람

앞으로 1~2년 이내에 결혼이든 주택 구입이든 자녀 학자금이든, 어떤 명목이라도 필요한 돈이라면 그 돈으론 주식을 사지마. 주식뿐만 아니라 원금 손실 가능성이 있는 어느 곳에도 투자하지 마. 그저 예금자보호가 되는 은행이나 저축은행 예금에 그 돈을 모셔놓도록 해.

지금 주식을 매수하면 100% 수익이 날 것 같아도 절대 사면 안돼. 그 돈은 주식 투자의 위험을 감수할 수 있는 돈이 아니야.

우리는 주식을 '하이 리스크High-Risk 하이 리턴High-Return'이라고 해. 높은 위험을 감수하는 대신 높은 수익을 기대한다는 거지. 문제는 고위험은 수용하지만 고손실을 수용할 수 있는 사람은 없다는 거야. 다들 '난 위험을 감수하고 주식에 투자한다'고 생각하지만 막상 손실을 입으면 받아들일 수 있는 사람은 없어.

그런데 그 돈이 꼭 필요한 돈이었다면? 정말 낭패지. 네 결혼자금을 주식에 투자했는데 결혼 시점에 30% 손실이 났다고 해봐. 결혼을 늦출 거냐고.

주식에 투자할 때는 최소 5~7년 정도의 기간을 예상하는 것이 적절해. 설사 주식시장이 폭락해도 역사적으로 봤을 때 5~7년이면 회복했거든. 물론 네가 답도 없는 잡주를 갖고 있다면 예외지만 말이야. 이 문제에 대해선 뒤에서 상세히 살펴보자.

감정적인 투자자

네가 예민하거나 과도하게 감정적이라면 주식 투자를 하고 싶어도 참아. 뜨거운 가슴을 가진 사람은 주식이랑은 안 맞거든. 주가라는 게 매 순간 변하잖아. 가슴이 뜨거운 사람은 시장이 오르내릴 때마다 심장이 벌렁벌렁 뛰어서 감정적으로 투자 판단을 내리기가 쉬워.

감정적인 사람은 주가가 오를 땐 더 오를 것 같다며 더 늦기 전에 주식을 사겠다고 추격 매수하고, 주가가 떨어지면 더 떨어질까 두려워 추격 매도를 하지. 이러면 증권계좌가 녹아내려. 손실이 쌓여 투자자금이 쪼그라든단 말이야. 비쌀 때 사서 쌀 때 파니 당연하지 않겠니?

주식 투자는 시장 변동에 과민 반응하지 않는 냉정한 사람에게 어울려. 보유한 주식의 가격이 올랐다고 흥분하지도 않고, 주가가 떨어져도 패닉panic(충격)에 빠지지 않는 사람 말이야. 감정을 자제하고 주가 변동을 인내할 수 있어야 한다는 거지.

유럽의 최고 투자자로 꼽히는 앙드레 코스톨라니의 책 제목
이 『돈, 뜨겁게 사랑하고 차갑게 다루어라』인데 정말 맞는 말이
야. 돈을 좋아해도 다룰 땐 차갑게, 알았지?

손해 보고는 못 사는 사람

원금 손실을 받아들이지 못하는 사람은 주식에 투자하면 안
돼. 보수적인 사람은 그냥 보수적으로 안전한 은행 예금에 돈을
넣어두는 게 나아. 왜냐하면 주식 투자를 하면 반드시 손실을 경
험하게 되거든. 다음 두 가지 이유 때문이야.

첫째, 주식에 투자하면 반드시 손실이 나는 시기를 겪게 되기
때문이야. 주식을 사고서 처음부터 1년 365일 플러스일 수는 없
어. 어떤 시기엔 수익률이 마이너스가 되고, 그 기간이 길어질 수
도 있어. 이 기간을 견뎌야 하는데, 손해 보고는 못 사는 사람은
참지 못할 가능성이 높아. 주식은 파는 시점에 이익이 나면 되는
데 말이야.

둘째, 네가 투자한 모든 주식에서 이익이 날 수는 없기 때문
이야. 어떤 종목에선 이익이 나고 어떤 종목에선 손해가 나. 투
자한 전체 주식의 손익을 합산했을 때 이익이 손실보다 크기만

하면 되는 거야.

미국에 피터 린치라는 전설적인 펀드매니저가 있었어. 그 사람은 13년간 마젤란펀드라는 이름의 주식형 펀드를 운용했는데 누적 수익률이 2,703%에 달했어. 1억원을 투자했으면 13년 뒤 28억 원이 됐다는 의미지.

그런데 이 사람도 투자한 종목에서 모두 이익을 낸 게 아니야. 10개 종목에 투자하면 1~2개 종목에서는 큰 이익을 냈지만 1~2개 종목에선 손실을 입었다는 거야. 나머지 종목은 그럭저럭 소폭 이익을 내고 말이야. 그의 마법 같은 수익률은 때로 10배까지도 주가가 급등했던 1~2개 종목 덕분이었던 거지.

엄마가 네게 강조하고 싶은 것은 10배 수익을 내는 '텐배거 tenbaggar(10루타)' 종목을 찾으라는 것이 아니야. 피터 린치 같은 사람도 손실을 내는 종목이 있었다는 거지.

손실을 못 견디는 사람은 좋은 종목에 투자하고도 손실이 나는 기간을 견디지 못해 팔아버려. 엄마가 그랬지. 2000년 초에 네이버에 투자하고 약간 손실이 나자 금방 손절매해서 부자가 될 수 있는 기회를 놓쳤어. 손절매란 손실을 보고 주식을 처분한다는 뜻이야.

손실을 못 견디는 사람은 조금만 손실이 나면 무서워서 금세 주식을 팔아버리기도 하지만 반대로 손실이 커져도 원금 생각 때문에 주식을 처분하지 못하기도 해. 기다려도 안 되는 주식은 손실이 커지기 전에 손절매해서 정리해야 하는데 그걸 못하는 거지. 기업이 망가지고 있는데 그런 주식을 갖고 있으면 뭐하겠니? 그런데도 원금 생각에 못 파는 거야.

　그러니 절대 손해 보고는 못 견디겠으면 주식을 멀리 하는 것이 좋아. 원금 생각이 간절한 사람은 그냥 은행의 쥐꼬리만한 이자에 만족하는 것이 정신 건강을 위해서도 바람직하다고 봐.

사업체 소유자나 자영업자

　네가 사업을 하거나 가게를 운영하는 자영업자로 살아갈 생각이라면 주식 투자는 하지 않는 게 좋아. 이미 네가 가진 자산의 상당 부분이 너의 회사 또는 가게에 들어가 있을 테니 말이야. 네가 사업에 투자한 돈은 너의 회사나 가게의 주식에 들어가 있는 셈이거든. 사업을 한다면 이미 주식 투자를 하고 있다고 할 수 있지.

　사업을 하면서 또 다른 주식에 투자하면 두 가지 문제가 발생할 수 있어. 첫째는 너무 많은 돈이 주식에 들어가게 된다는 점이야. 사업은 대개 경기의 영향을 받아. 경기가 나빠지면 사업도 힘들어진단 말이야. 그런데 경기가 나빠지면 주식시장도 하락해. 네가 사업을 하면서 주식에도 투자했다면 넌 이중으로 타격을 받는 셈이지.

네가 경기에 영향을 받지 않는 사업을 하거나 경기가 나쁠 때 잘 되는 사업을 할 수도 있다는 거지? 그래도 주식 투자는 하지 마. 사업을 하면서 주식 투자를 하면 발생하는 두 번째 문제 때문이야.

사업을 한다면 사업이 곧 너의 주식 투자야. 돈이 생기면 사업에 재투자해서 사업을 키우는 것이 나아. 딴 기업에 투자하느라 고민하지 말고 네 회사 경영에나 집중하라는 거야.

마이크로소프트의 창업자 빌 게이츠나 아마존의 창업자 겸 최고경영자CEO 제프 베조스가 부자인 이유는 자기 회사 주가가 올랐기 때문이야. 게이츠가 아마존 주식에 투자하고 베조스가 마이크로소프트 주식에 투자해서 부자가 된 게 아니란 거야.

하물며 월급을 받는 전문 경영인조차 돈이 생기면 딴 회사 주식에 투자하는 게 아니라 자기 회사 주식을 사들여. 그게 자기가 이 회사를 잘 키워 주가를 올리겠다는 약속이나 자신감, 헌신으로 비쳐지거든.

그러니 네가 사업을 할 생각이라면 그 사업을 키우는 데 집중해야 해. 사업이 잘돼 돈이 너무 많다면 자산 배분 차원에서 부동산과 은행 예금에 돈을 넣어두도록 해.

도박꾼

사람들은 자기가 도박꾼이라고 생각하지 않아. 하지만 실제로는 도박심리로 주식 투자를 하는 사람들이 많아. 주식을 샀다 이익이 나면 재빨리 팔고 나오려는 생각으로 주식을 하거든. 게다가 은행에 저축할 때는 이자가 0.1%포인트만 높아도 감사하는데 주식은 연 1%도 안 되는 은행 예금금리보다 다섯 배 이상 높은 연 5% 수익도 시시하게 여겨.

주식을 샀다 이익이 났을 때 차익을 챙겨 빠져나갈 생각이라면 차라리 카지노에 가서 스트레스나 풀고 오는 게 나아. 무슨 말도 안 되는 소리냐고?

도박은 돈을 잃을 확률이 크지만 주식은 잘 알고 하면 100% 이익을 거둘 수 있다고? 단기간에 그게 가능하다고 생각한다면 꿈 깨라. 그런 생각으로 주식에 투자 했다가 물린 사람이 부지기수야. 물렸다는 건 원금 손실이 나서 주식을 팔지도 못하고 원금 회복만 마냥 기다리는 걸 말해.

물론 단기간에 차익을 거두고 주식시장에서 나올 수도 있어. 그럼 너는 승리한 거 같겠지. 하지만 이게 더 큰 문제야. 주식시장에서 너의 도박이 성공하면 반드시 다시 주식에 같은 도박심리로 돌아오게 돼 있거든. 그것도 판돈을 더 키워서 말이야. 그러다 크게 물리는 거지. 그러면 원금 생각이 나서 급등할 종목을 찾아 무리한 투자를 하게 되고 결국 더 큰 손실을 보게 돼.

도박도 마찬가지 아니니? 처음에 돈을 벌면 더 벌 수 있을 것 같아 판돈을 더 키우지. 그러다 손해 보면 원금이라도 찾으려고 또 돈을 걸고 말이야. 문제는 도박은 자기가 도박을 하고 있다는 사실을 분명히 아는데 주식은 도박을 하면서도 자기가 투자를 한다고 착각한다는 거지. 그래서 더 위험할 수 있는 거야.

주식시장은 장기 투자를 위한 장소야. 빨리 차익을 챙기려는 도박꾼 심리를 갖고 있으면 아예 주식 투자를 시작하지도 마.

이 용어 다 외우면
투자자금 쏜다

• • •

주식 투자를 시작하려면 주식시장에서 빈번하게 쓰는 용어 정도는 반드시 이해해야 하지 않겠니? 주식용어의 뜻을 찬찬히 읽어 내려가면 주식 투자에 대한 감이 약간은 잡힐 거야.

어떤 분야든 그 분야에서만 쓰는 전문용어가 있어. 주식도 마찬가지야. 주식 투자를 하려면 반드시 알아야 하는 용어가 있어. 이런 주식 용어를 모르고 투자하는 건 눈을 가리고 낯선 도시를 돌아다니는 것과 같아.

물론 주식 투자를 하다 보면 자연스럽게 용어에 익숙해지겠지. 하지만 그 기간 동안 적지 않은 시행착오를 겪겠지. 시행착오에는 돈도 들고 말이야.

그러니 주식 거래를 할 때 알아야 할 기본적인 용어와 제도 정도는 익히고 주식 투자를 시작하는 게 좋아. 여기 소개하는 용어는 주식 투자의 기본 중의 기본이니 반드시 개념을 이해하고 넘어가야 해.

우선 주식의 종류와 관련한 용어들이야

상장: 기업의 주식이 증권거래소가 운영하는 증권시장에서 거래되도록 하는 거야. 우리나라엔 한국거래소^{KRX}란 증권거래소가 유가증권시장과 코스닥시장을 운영하고 있어. 유가증권시장엔 규모가 큰 기업이, 코스닥시장엔 기술 벤처기업이 상장돼 거래된다고 생각하면 이해하기 쉬울 거야.

IPOInitial Public Offering: 우리 말로는 기업공개라고 하는데 주식을 상장하기 위해 기업의 재무 현황과 경영 상황을 공개하는 거야. 주식이 상장된다는 것은 누구나 그 주식을 사고팔 수 있다는 의미이기 때문에 기업의 내용을 투자자들에게 투명하게 공개하는 것이 중요해.

공모주: 기업의 주식을 상장하려면 먼저 투자자들을 공개 모집(공모)해서 주식을 팔아야 해. 이때 파는 주식을 공모주라고 하고, 공모주 가격을 공모가라고 해. 공모주를 사겠다며 신청하고 일정 금액을 증거금으로 내는 건 공모주 청약이라고 해.

구주 매출/신주 발행: 공모주에는 구주 매출과 신주 발행이 있어. 구주 매출은 이미 발행돼 대주주 등 기존 주주가 갖고 있는 주식을 새로운 투자자들에게 파는 것을 말하고, 신주 발행은 새로 주식을 발행해 파는 것을 말해.

보통주: 주식을 가진 주주는 그 회사의 주인이잖아? 주인이라면 회사의 결정에 참여할 수 있는 권리가 있어야 해. 이 경영 참여의 권리를 의결권이라고 하는데 주주총회 때 회사가 결정해달라고 올린 사안에 대해 찬반으로 의사를 표현하는 거야. 의결권이 있는 일반 주식을 보통주라고 해.

우선주: 회사에 돈은 필요한데 보통주를 발행하면 대주주인 자기 지분이 줄어 경영권이 위험할 거 같은 거야. 이때 발행하는 것이 우선주야. 의결권이 없는 대신 배당금을 보통주보다 많이 주는 주식이지.

배당: 주식에 투자해서 돈을 벌 수 있는 방법은 두 가지야. 첫째는 주가가 올랐을 때 주식을 팔아 차익을 남기는 것, 둘째는 배당을 받는 거야. 배당은 기업이 올린 이익 중 일부를 주주들에게 나눠주는 거야.

배당수익률: 주가 대비 1주당 배당금의 비율인데 지금 주식을 사면 배당금으로 얻을 수 있는 수익률을 뜻한다고 생각하면 돼. 주가가 1천원인데 1년에 1주당 50원을 배당금으로 준다면 배

당수익률은 5%가 되는 거야.

배당주: 배당수익률이 높은 주식을 말해. 우선주가 배당금을 많이 주긴 하지만 우선주라고 다 배당주는 아니야. 우선주가 아닌데도 배당금을 많이 주는 배당주도 있어. 배당주는 성장성이 높지 않은 주식이 많아. 성장하는 기업은 이익이 남아도 배당으로 나눠주는 것보다 투자해서 더 많은 이익을 거두려 하거든. 그런데 성장을 멈춘 기업은 주가가 많이 오르지 않으니까 투자자를 끌어들이려고 배당이라도 많이 하려고 하거든. 물론 성장성도 없는데 배당도 많이 못하거나 안 하는 기업도 수두룩하지만 말이야.

테마주: 특정 이슈에 따라 함께 올라가는 종목들을 말하는데 아예 관심을 두지 마. 선거 때는 정치인 테마주가, 코로나19가 한창일 때는 치료제나 백신 관련 테마주가 나오는데 이런 테마에 샀다 팔았다 하다간 쫄딱 망하기 십상이야.

이번엔 자본과 관련해 알아야 할 용어들이야

액면가: 주권에 표시된 가격이라고 하는데 처음 주식을 발행할 때 정한 한 주당 가격으로 알면 돼. 액면가는 5천원이 많아.

액면분할: 주가가 너무 비싸면 주식을 살 수 있는 사람이 줄

게 돼. 한 주당 가격이 100만원인 주식과 2만원인 주식이 있다면 어떤 주식이 사기 좋을까? 아무래도 부담이 적은 2만원짜리 주식이 아닐까? 액면분할은 1주를 여러 주식으로 나눠 액면가를 낮추는 거야. 예를 들어 1주당 액면가가 5천원인 주식이 현재 50만원에 거래된다고 가정하자. 이 주식을 1주당 5주로 액면분할하면 액면가는 1천원이 되고, 주가는 10만원이 되는 거야.

이론적으론 액면분할이 주가에 미치는 영향은 없어. 하지만 액면분할로 거래가 늘어나면 주가가 오를 것이라고 흔히 기대를 해. 물론 이는 기대일 뿐 액면분할 후 오히려 주가가 떨어지는 경우도 있어.

자본금: 자본금은 기업이 주식을 발행해 주주들에게 팔고 받은 돈이야. 주식시장에서 주주들끼리 주식을 사고파는 거랑은 상관없어. 기업이 새로 발행한 주식을 주주들에게 팔아 기업 내에 쌓아두는 돈이니까. 그런데 주주가 주식을 얼마에 샀든 액면가로 계산한 게 자본금이야. 간단히 정리하면 자본금은 발행한 주식 수에 액면가를 곱한 거야.

자기자본: 그럼 액면가와 주주가 회사에서 주식을 매수할 때 지불한 가격 사이에 차액은 어떻게 하냐고? 그렇지. 회사를 처음 세울 때만 액면가로 주식을 팔고 그 다음부턴 액면가보다 높은 가격에 파니 자본금과 회사가 주식을 팔고 받은 돈 사이에는 차

액이 생길 수밖에 없지. 이건 자본잉여금으로 회사에 쌓이는 거야. 이익이 나서 회사에 쌓이는 돈도 있는데 이건 이익잉여금이라고 해. 그리고 자본금과 자본잉여금, 이익잉여금을 모두 합해 자본이라고 하지. 그러니까 자본금과 자본은 다른 거야. 자본을 자기자본이라고도 하는데 기업 소유의 자본이란 뜻이야. 남에게 빌린 돈을 타인자본이라고 하는데 여기에 상대되는 개념으로 쓰는 용어야.

시가총액: 자본금은 발행한 주식 수에 액면가를 곱한 것이고, 시가총액은 발행한 주식 수에 주가를 곱한 거야. 기업의 시장 가치를 뜻하지.

자본잠식: 기업이 손실을 내서 자본잉여금과 이익잉여금이 바닥나고 자본금까지 갉아먹게 되는 것을 말해. 예를 들어 자본금이 5천만원인데 잉여금이 없는 상태에서 2천만원 손실을 내면 2천만원이 자본잠식된 거야.

증자: 기업이 주식을 더 발행해서 자본금을 늘린다는 뜻이야. 증자엔 두 가지가 있는데, 새로 발행한 주식을 주주들에게 돈을 받고 파는 유상증자와 새로 발행한 주식을 주주들에게 공짜로 주는 무상증자야. 유상증자는 규모가 크면 주가에 악재야. 주식 수가 너무 늘어나면 살 사람이 충분하지 않을 수 있으니까. 주식이 대량으로 공급되니 그만큼 수요가 따라주지 않으면 주가가 억눌

리는 거지.

반면 무상증자는 주식을 새로 발행해 공짜로 나눠주는 거야. 공짜로 주식을 받으니 주주들에게 이익이라고 생각하는데 꼭 그런 건 아니야. 기업 내부에 쌓인 돈으로 주식을 발행해 나눠주는 거니까. 기업이 보유한 잉여금이 자본금으로 바뀌었을 뿐 보유한 돈이 달라지는 건 아니란 말이야. 기업의 자기자본에 변함이 없이 주식 수가 늘어나니 그만큼 주가는 떨어지게 돼. 다만 주가가 무상증자 비율보다 더 적게 떨어지면 단기적으로 주주들에게 이익이 되는 것처럼 보일 때도 있어. 이는 주가가 떨어지면 싸 보여 주식을 사는 사람이 있기 때문이지 기업 가치가 올랐기 때문은 아니야.

감자: 기업의 주식 수를 줄여 자본금을 줄이는 거야. 주주들이 가진 주식을 돈을 주고 사서 주식 수를 줄이면 유상감자고, 주주들에게 돈도 주지 않은 채 주식 수를 줄이면 무상감자야. 유상감자는 사업 규모에 비해 자본금이 불필요하게 많을 때 하는데 실제로 하는 경우는 거의 없어. 주식시장에서 일어나는 감자는 거의 다 무상감자야.

무상감자를 할 정도의 기업이면 주가가 아마도 많이 떨어져 있을 거야. 무상감자는 자본잠식이 일어났을 때 하거든. 기업이 계속 손실을 내면 어쩔 수 없이 자본금까지 써야 하잖아? 그럼 자본금이 줄지. 이걸 자본잠식이라고 하고. 그런데 조만간 이익을 내서 자본금을 메울 수 있을 것 같지가 않은 거야. 계속 자본잠식 상태로 있으면 재무구조가 나쁜 것으로 평가받아 대출이 어렵고, 영업활동을 하는 데 제약도 많아. 게다가 주식시장에서 퇴출될 수도 있어. 이 때문에 자본잠식 상태에서 벗어나려고 줄어든 자본금만큼 그냥 주식 수를 줄이는 거야. 5대 1로 무상감자를 하면 5주를 보유했던 사람이 1주만 갖게 돼. 대신 이론적으로 주가는 5배가 올라야 하지. 하지만 무상증자는 시장에서 악재로 여겨지는 경향이 있어서 주가가 이론처럼 움직이지는 않아.

이제 주가의 종류와 주식 거래시간에 대해 알아보자

현재가: 국내 주식시장은 오전 9시부터 오후 3시 30분까지 열리는데 이때 형성되는 지금 현재의 주가를 말해.

시가: 주식시장이 개장한 후 처음 형성된 가격이야.

종가: 그날 정규거래 시간에 형성된 마지막 가격인데 전날보다 떨어졌는지, 올랐는지 판단하는 기준가가 돼. 그 날의 주가라고 하면 종가를 말하는 거야.

호가: 거래를 하려면 내가 원하는 가격을 제시해야 하잖아?

이걸 호가라고 해. 내가 주식을 팔고 싶은 가격을 매도호가라고 하고, 사고 싶은 가격을 매수호가라고 해.

동시호가제도: 네가 주식 매매 주문을 낸다고 무조건 그 주문이 체결되는 건 아니야. 주문은 호가, 시간, 수량 순으로 먼저 체결돼. 정규거래 시간에는 좋은 가격이냐, 먼저 주문했느냐, 수량이 많으냐, 이 순서대로 실시간으로 주문이 체결되는 거지. 그런데 개장 직전과 장 종료 직전에는 모든 호가를 취합해 시간 순서에 관계없이 가격과 물량만 보고 주문을 체결해. 이게 동시호가제도야.

주식시장이 개장하기 30분 전인 오전 8시 30분부터 오전 9시까지가 장 시작 동시호가 시간인데, 이때는 주문만 받고 오전 9시 개장과 함께 가격과 수량에 따라 주문을 체결해. 장 시작 동시호가가 끝나면서 시가가 결정되지. 장 종료 10분 전인 오후 3시 20분부터 3시 30분까지는 장 마감 동시호가 시간이고, 동시호가가 끝나면서 종가가 결정돼.

장전 시간외거래: 오전 8시 30분부터 8시 40분까지 전날 종가로 주식을 사고팔 수 있는 시간을 말해. 주문은 오전 8시 20분부터 가능하고, 체결은 오전 8시 30분부터 10분간 이뤄져. 장전 동시호가 땐 네 마음대로 호가를 부를 수 있지만 이땐 전날 종가로만 거래되는 거야.

장후 시간외거래: 정규거래가 끝난 오후 3시 30분부터 30분간 그 날 종가로 매매할 수 있는 시간이야.

시간외 단일가 매매: 장후 시간외거래가 끝난 오후 4시부터 6시까지는 10분 단위로 단일가로 매매가 체결돼. 이 2시간 동안 총 12번 매매가 체결되고, 가격은 그날 종가 기준으로 ±10% 이내에서만 허용돼.

지수: 시장 전체나 특정 업종의 움직임을 보여주기 위해 관련된 기업의 주가를 종합적으로 반영해 만든 지표라고 할 수 있어. 유가증권시장은 코스피지수가, 코스닥시장은 코스닥지수가 전체 시장의 움직임을 보여주는 대표적인 지수야. 이외에도 업종별로 반도체업종지수, 은행업종지수 등 다양한 지수가 있어.

지수나 주가가 급변동할 때 제어하기 위한 제도도 있어

가격제한폭: 주가가 너무 많이 오르거나 너무 많이 떨어지면 투자자들이 어떻겠니? 너무 흥분하거나 너무 불안해하겠지? 이런 투자자들의 동요를 막기 위해 하루에 주가가 오르내릴 수 있는 변동폭을 정해놓는데 이를 가격제한폭이라고 해. 그날 가격제한폭까지 올랐을 때 주가를 상한가, 가격제한폭까지 내렸을

때 가격을 하한가라고 해. 현재 우리나라의 가격제한폭은 아래로 30%, 위로 30%야. 전날 종가가 10만원이었다면 다음날 주가는 7만~13만원까지만 움직일 수 있다는 의미야.

사이드카Sidecar: 선물가격이 전날 종가 대비 5% 이상 상승 또는 하락해 1분 이상 지속될 때 프로그램 매매 호가의 효력을 5분간 정지시키는 제도야. 무슨 말인지 모르겠지?

일단 선물이란 특정한 상품을 미래 일정 시점에 특정 가격으로 넘기기로 하고 미리 계약을 체결하는 거야. 주가지수와 개별 종목도 선물로 거래를 할 수가 있어.

지금 상품을 넘기면서 돈을 받는 일반적인 거래는 선물거래에 대항하는 개념으로 현물거래라고 해. 지금 네가 하려는 주식 투자는 주식 현물거래인 거지.

프로그램 매매는 주식을 대량으로 거래하는 기관투자자들이 일정한 전산 프로그램에 따라 수십 종목씩 주식을 묶어서(바스켓) 거래하는 것을 말해. 기관투자자란 연금이나 금융회사 같은 투자자를 뜻해.

프로그램 매매에는 선물과 연계해 현물을 거래하는 차익거래라는 것이 있어. 이 때문에 선물시장의 움직임은 현물시장에도 영향을 줘. 사이드카는 선물시장의 가격 급등락이 현물시장에 과도하게 영향을 미치는 것을 막기 위한 제도야.

서킷 브레이커circuit breaker: 주식시장을 대표하는 지수가 급락할 때 거래를 일시 중지하는 제도야. 우리나라에선 서킷 브레이커가 3단계에 걸쳐 발동돼. 1단계는 지수가 전날 종가 대비 8% 이상 하락해 1분 이상 지속될 때 발동되고, 2단계는 지수가 전날 종가 대비 15% 이상 하락하고 1단계 발동 지수보다 추가로 1% 이상 더 하락해 1분 이상 지속될 때 발동돼. 서킷 브레이커 1단계와 2단계가 발동되면 거래가 20분간 중단되고 이후 10분간은 새로 호가를 받아 단일가격으로 거래가 체결되도록 해. 지수가 전날 종가 대비 20% 이상 하락하면 3단계가 발동되는데 이때는 주식시장 거래가 그냥 종료돼.

기업을 설명할 때 자주 등장하는 용어들이야

공시: 기업은 사업 내용과 재무 상황을 투명하게 알려야 하는데 이렇게 알리는 것을 공시라고 해. 공시는 금융감독원 전자공시시스템(dart.fss.or.kr)에서 볼 수 있어. 큰 기업은 중요한 소식이 기사로 나오니 일일이 공시를 보지 않아도 상관없지만 네가 작은 기업에 투자했다면 하루에 한 번은 새로 공시가 나온 게 있는지 확인하는 게 좋아. 작은 기업은 공시할 게 거의 없지만, 만약

하면 주가에 중요한 내용일 수 있거든.

그리고 기업이 실적을 발표할 때 재무제표도 전자공시시스템에 올리는데 이건 꼭 보도록 해. 재무제표를 봐야 투자할 만한 기업인지 판단할 수 있으니까.

EPSearnings per share : 기업이 벌어들인 돈에서 지출한 비용을 뺀 나머지를 순이익이라고 하는데 EPS는 주당순이익을 말해. 주식 한 주당 이익이 얼마인지를 계산한 거지.

ROEreturn on equity : 자기자본 대비 이익의 비율인데 기업이 가진 자기자본으로 어느 정도의 이익을 거두고 있는지를 보여줘.

EV/EBITDA: EV는 기업가치, EBITDA(에비타)는 세금과 이자, 감가상각 등을 반영하지 않았을 때의 이익을 말해. EBITDA는 간단하게 영업이익에 감가상각비를 더한 거라고 생각하면 돼. EV/EBITDA는 결국 기업가치가 영업으로 벌어들인 이익의 몇 배냐는 거야. EV/EBITDA가 높으면 기업가치가 이익 창출력에 비해 고평가됐다고 할 수 있어. 여기서 기업가치는 시가총액이 아니라 다른 복잡한 식으로 산출된 거야. 그냥 이런 게 있다고만 알아두면 돼.

PERprice earning ratio : 주가수익비율이라고 하는데 주가가 주당순이익EPS의 몇 배인지를 보여주는 지표야. PER이 클수록 이익 대비 주가가 높다는 뜻이지.

PBRprice book-value ratio: 주가순자산비율을 말하는데 주가가 한 주당 순자산의 몇 배로 거래되는지 보여줘. 순자산은 기업을 청산할 때 주주들이 받을 수 있는 자산의 가치인데 자본금과 자본잉여금, 이익잉여금을 합한 금액이나 자산에서 부채를 뺀 금액으로 계산해. PBR이 1이면 주가가 딱 그 기업의 주당 순자산 가치라는 뜻이야. 기업을 청산할 때 주주들은 딱 주가만큼 배당받을 수 있다는 뜻이지.

주식 투자를 하려면 증권계좌를 만들어야 하겠지?

CMA: 증권사에 계좌를 개설하면 CMA 계좌가 만들어져. 네가 주식 투자를 하려면 증권사에 돈을 넣어야 하는데, 일단 CMA 계좌에 돈을 입금해야 해. CMA 계좌는 은행의 자유입출금 계좌처럼 돈을 자유롭게 입출금할 수 있고, 체크카드도 만들 수 있어. 증권사 CMA 계좌는 금리가 은행보다 높지만 아쉽게도 예금자보호는 받을 수 없어.

종합위탁계좌: 증권사에 따라서는 CMA 계좌에서 바로 주식 매매가 가능하지만 주식을 사려면 CMA 계좌에서 종합위탁계좌로 반드시 돈을 옮겨야 하는 증권사도 있어. 종합위탁계좌엔 네

가 투자한 주식과 펀드, 그리고 주식을 사려고 넣어둔 돈이 들어 있어.

예수금: 주식을 사려고 종합위탁계좌에 넣어둔 현금을 말해.

관심도 주지 말아야 할 위험한 거래도 있어

증거금: 네가 예수금보다 더 큰 가치의 주식을 사고 싶을 때 필요한 최소한의 돈이야. 주식을 살 때 보유하고 있어야 하는 최소한의 현금을 뜻하지. 예를 들어 100만원어치의 주식을 사기 위해 40만원이 계좌에 있어야 한다면 이 40만원이 증거금이 되는 거야. 이 증거금은 증권사에서 정해. 중요한 것은 주식은 거래가 체결되고 3일 뒤 현금 거래가 일어나기 때문에 3일 뒤에는 모자란 매수대금을 채워 넣어야 한다는 거야.

미수매매: 증거금 제도를 이용해 네가 계좌에 갖고 있는 예수금보다 많은 금액의 주식을 사는 것을 말해. 빚으로 주식을 사는 건데 넌 절대 하지 마. 네 생각엔 3일 뒤 모자란 현금을 채워 넣을 때까지 주가가 오를 것 같지만 오히려 크게 떨어질 수도 있어. 그럼 넌 생돈을 날리는 거지.

반대매매: 네가 미수거래를 하고 모자란 돈(미수금)을 3일 후

까지 계좌에 넣지 않으면 어떻게 될까? 4일째 아침 동시호가 시간에 증권사가 모자란 미수금만큼의 주식을 네 계좌에서 팔아버려. 이를 반대매매라고 해.

신용거래: 증거금이나 네가 가진 주식을 증권회사에 담보로 주고 돈을 빌려서 주식을 사거나 주식을 빌려 파는 거래를 말해. 빌려서 투자하는 것이라고 생각하면 되는데 아예 관심도 두지 않는 것이 좋아.

공매도: 신용거래 중에서 주식을 빌려서 파는 걸 말하는데 주가가 떨어질 것을 기대하고 하는 거래야. 주식을 빌려서 팔고, 그 주식 가격이 떨어지면 더 싼 값에 되사서 주식을 갚는 거야. 그럼 넌 주식 하락폭만큼 이익을 얻게 되지.

그런데 특히 공매도는 하지 마. 네가 1천만원을 빌려서 주식에 투자한다고 쳐. 그러면 최악의 경우 주가가 0원이 된다고 해도 네가 볼 수 있는 최대 손실은 1천만원이야. 반면 네가 올릴 수 있는 이익은 무한정이야. 주가 상승에는 한계가 없으니까.

그런데 네가 주식을 1천만원어치 빌려 공매도를 한다면 네가 누릴 수 있는 최대 이익은 주가가 0원이 될 때 1천만원이야. 반면 네가 입을 수 있는 손실은 가늠할 수 없어. 주가가 어디까지 오를지 알 수 없으니까. 그러니 공매도를 하다간 전 재산 다 날리고 엄청난 빚을 질 수도 있어.

나무를 볼까, 숲을 볼까?

• • •

주식 투자를 할 때는 먼저 회계가 투명하고 성장성이 좋은 국가를 고른 뒤 기업만 보면 돼. 경기가 좋고 나쁘고는 신경 쓸 필요가 없어. 네가 판단할 것은 단기적인 경기 전망이 아니라 장기적인 성장성이야.

주식 투자할 때 기업을 나무, 그 기업을 둘러싼 경영 환경을 숲이라고 해. 주식 투자란 주로 기업에 투자하는 것이니 당연히 투자할 기업, 즉 나무를 잘 봐야지. 하지만 숲도 전혀 무시할 수는 없어. 주식 투자할 때 네가 고려해야 하는 숲, 즉 경영 환경은 크게 두 가지야. 바로 투명성과 성장성이야.

우선 투명성은 믿을 수 있게 모든 것을 투명하게 공개하냐는 거야. 어떤 나라는 회계제도가 잘 정비되어 있지 않아서 기업이 발표하는 실적을 도무지 믿을 수 없는 경우가 있어. 이러면 기업 실적이 좋다고 해도 투자하기가 어렵지.

어떤 나라는 정치가 불안정해서 국가 정책이 예측 불가능하게 추진되기도 해. 쿠데타가 일어나 기존 정책이 모조리 뒤집어지거나 권력이 막강한 정부가 어떤 기업을 정부 소유로 국유화하기도 해. 이런 나라의 주식시장은 투자하기가 위험하지.

다음으로 성장성은 그 나라의 경제가 성장하고 있느냐는 거야. 경제성장률은 국내총생산GDP으로 판단하는데 GDP 성장률은 좋았다 나빴다 변동하지만 네가 봐야 할 것은 추세야. 성장하는 추세인가, 위축되는 추세인가를 봐야 하는 거지.

그런데 성장률이 높다고 무조건 좋은 건 아니야. 성장률을 보고 투자한다면 GDP 규모가 작아서 GDP가 조금만 늘어도 성장률이 높게 나타나는 개발도상국만 투자해야 할 테니 말이야. 어느 정도 GDP 규모를 갖춘 상태에서 안정적으로 성장 추세를 보이는 국가를 선택하는 것이 좋아.

이렇게 투명성과 성장성을 보고 투자할 국가를 고르되 단기적인 경기 변동에 따라 주식을 사고파는 건 하지 마. 물론 경제가 성장하면 통상 주식시장도 오른다고 해. 경제가 호황이면 기업 이익도 늘 테니 말이야.

그런데 경제 흐름과 주가가 똑같이 가는 건 아니야. 일반적으론 주식시장이 경기에 선행한다고 하거든? 경기가 좋아질 것이란 기대감에 증시가 먼저 오르고 그 다음에 실제로 경기가 좋아진다는 거지. 그런데 때로는 증시는 하락하는데 경기는 좋아지고 있는 경우도 있어. 반대로 경기는 악화일로인데 증시는 호황일 때도 있어.

앞에서도 소개한 앙드레 코스톨라니라는 투자자는 경기와 증시를 산책 나간 주인과 개에 비유했어. 주인이 경기라면, 개는 주가라는 거야. 개는 주인보다 먼저 달려가기도 하고, 뭔가에 정신이 팔려 주인은 앞서 가고 있는데 뒤에서 꼼짝 않고 있기도 해. 하지만 결국 개는 주인과 만나게 되지.

코스톨라니가 말하려는 건 장기적으로 경기와 주가는 같은 방향으로 움직이지만 단기적으로 보면 둘이 전혀 상관없는 것처럼 움직일 때가 많다는 거야. 그러니까 단기적인 경제 상황에 따라 주식을 샀다 팔았다 하는 건 의미도 없고, 성공할 수도 없어.

노벨경제학상을 받은 폴 크루그먼이라는 사람도 비슷한 말을 했어. 그는 미중 무역분쟁이 진행되는데도 증시가 오르던 2018년 3월 24일 자신의 트위터에 큰 경제적인 사건이 발생했을 때 꼭 기억해야 할 세 가지가 있다고 했어.

'첫째, 주식시장은 경제가 아니다. 둘째, 주식시장은 경제가 아니다. 셋째, 주식시장은 경제가 아니다.' 한 마디로 증시랑 경제는 따로 놀 수 있다는 거야.

크루그먼은 2019년 8월 15일 미국의 대표적인 언론매체인

〈뉴욕타임스NYT〉에 기고한 '트럼프 호황에서 트럼프 불황으로'란 칼럼에서도 이 세 가지 규칙을 다시 인용했어.

현대 경제학의 아버지라 불리는 폴 사무엘슨도 "주식시장은 지난 5번의 경제 후퇴 가운데 9번을 예측했다"는 말을 했지. 무슨 뜻이냐고? 주식시장이 경기를 선행한다고 하는데 실제로는 그렇지 않았다는 거야. 증시를 통해 경제를 전망하면 틀렸다는 거지.

그러니까 네가 판단할 것은 단기적인 경기 전망이 아니야. 장기적인 성장성이야. 워런 버핏은 위기가 닥칠 때마다 미국 경제를 믿는다고 말하는데, 이것도 미국 경제가 단기적으로 나빠질 수는 있지만 장기적으로는 성장세를 유지할 것으로 믿는다는 뜻이야. 이 믿음이 없으면 결코 주식 투자는 할 수가 없어.

투명성과 성장성에 하나 덧붙이자면 금리가 있어. 각국 중앙은행이 정하는 기준금리 말이야. 기준금리를 내리면 은행의 대출금리와 예금금리도 같이 내려가고, 기준금리를 올리면 같이 올라가.

금리가 중요한 건 시중에 돌아다니는 돈의 양에 영향을 미치기 때문이야. 금리가 낮아지면 돈을 빌릴 때 이자 부담이 줄어들잖아? 그럼 사람들이 돈을 많이 빌려서 시중에 돈이 많아져.

중앙은행은 금리를 낮춰 늘어난 돈으로 사람들이 소비하고 기업은 공장을 늘리거나 사업을 키우기를 원해. 그래야 경제가 성장하니까 말이야.

그런데 시중에 돈이 늘어나면 사람들이 부동산과 주식을 사면서 자산가격이 올라가는 현상도 나타나. 결국 금리가 낮으면 돈의 힘으로 주식시장이 오를 수 있다는 거야. 시중에 풀린 돈을 유동성이라고 하는데 유동성이 주가를 밀어올리는 거지. 이런 주식시장을 유동성 장세라고 해.

금리가 올라가면 어떨까? 금리 인상 초기에는 증시에 긍정적이라는 분석이 있어. 금리는 경기가 좋아질 때 올리니까 증시에도 좋다는 거지. 그러다 금리가 너무 올라가면 시중자금이 줄고 채권 금리와 은행 예금금리도 높아지면서 자금이 채권이나 은행으로 이동하면서 증시가 하락하게 돼.

사실 증시에 절대적인 영향을 미치는 게 금리야. 미국은 금리를 결정하는 기관이 연방준비제도FED: Federal Reserve System(연준)인데 "연준과 싸우지 말라"는 증시 격언이 있을 정도야. 연준이 돈을 풀겠다고 하면 증시가 오르고, 연준이 돈을 조이면 증시가 떨어진다는 거지. 하지만 예외도 있어. 일본은 수십 년째 금리가 0% 수준인데 증시는 올랐다 떨어졌다 하거든.

요지는 경제지표를 보고 주식 투자하지 말라는 거야. 투명성과 성장성을 기준으로 투자할 만한 나라라고 판단했다면 그 다음부터는 숲이 아니라 나무만 보면 돼.

재무제표 어렵지?
딱 이것만 봐

• • •

투자할 기업을 고를 땐 반드시 재무제표를 살펴봐야 해. 특히 자산에 비해 부채가 너무 많은 것은 아닌지, 매출액과 이익은 늘고 있는지, 이 두 가지는 반드시 확인할 필요가 있어.

어떤 기업에 투자할지 이른바 '나무'를 고르려면 어려운 관문이 있어. 재무제표의 기본은 꼭 알아야 한다는 거야. 간단히 말해서 회계를 조금은 이해해야 한다는 거야.

회계는 한 마디로 기업 언어야. 예를 들어 네가 미국인 친구를 사귀려면 영어를 알아야 하잖아. 마찬가지로 기업을 사귀려면 회계를 알아야 해. 재무제표는 회계용어로 쓰여진 기업의 성적표라 할 수 있어.

그런데 네가 회계를 상세히 알 필요는 없고, 재무제표를 세세하게 이해할 필요도 없어. 너는 주식 투자가 본업이 아니니까 종목 분석에 너무 많은 시간을 투입할 수 없어. 그리고 주식시장엔 그런 일을 전문적으로 하는 애널리스트가 있어. 그러니까 너는 딱 핵심만 이해하면 돼.

재무제표는 여러 가지로 구성되는데 중요한 것은 재무상태표(대차대조표), 손익계산서, 현금흐름표, 이렇게 세 가지야.

재무상태표가 뭘까?

우선 재무상태표(대차대조표)는 특정 시점에 기업의 자산, 부채, 자본 현황을 보여주는 표야. 재무상태표의 왼쪽에는 자산, 오른쪽에는 부채와 자본이 표기되는데 '자산=부채(타인자본)+자본(자기자본)'이란 점을 기억해.

자산은 크게 유동자산과 고정자산이 있어. 유동자산은 1년 이내에 현금화할 수 있는 자산이고, 고정자산은 토지나 건물 같이 1년 이내에 현금화하기 어려운 자산이야.

부채도 1년 이내에 갚아야 할 유동부채와 1년 이후에 갚아도 되는 고정부채가 있어. 여기에 아직 지출은 없지만 그 해에 지출해야 할 것으로 예상되는 충당금도 부채로 잡혀.

자기자본이 크게 무엇으로 구성되는지는 앞서 용어 설명에서 소개했으니 알고 있지? 자본금과 잉여금, 기억하지?

재무상태표에서 네가 봐야 할 것은 자산과 부채의 규모야. 자산에 비해 부채가 너무 많으면 기업이 부실해질 수 있거든.

첫째로 확인해야 할 것은 유동자산과 유동부채야. 유동자산은 유동부채보다 2배 이상 많아야 비교적 안전한 것으로 여겨져. 유동자산이 유동부채의 2배 미만이라면 1년 내에 위기가 닥칠 경우 부도 위험이 있다고 보는 거지.

둘째로는 유동부채 중에서 단기차입금, 고정부채 중에서 장기차입금을 주목해 볼 필요가 있어. 차입금은 빌린 돈을 말해. 부채가 다 빌린 돈이 아니냐고? 아니지. 유동부채 중에는 물건을 사고 아직 값을 치르지 않은 매입채무란 게 있는데 이것도 갚아야 할 부채이긴 하지만 빌린 돈은 아니야.

차입금은 손익계산서에 나타나는 연간 매출액과 영업이익, 이자비용과 비교해볼 필요도 있어. 차입금과 이자비용이 매출액과 영업이익에 비해 과도하게 많다면 그 기업은 사업이 안정적이라고 할 수 없어. 돈을 빌려 썼는데 빚을 감당하기에 충분할 정도의 돈을 벌어들이지 못한다는 얘기니까 말이야.

셋째로는 전체 부채가 전체 자본의 2배가 넘는지도 살펴봐야 해. 이를 부채비율이라고 하는데 부채가 자본의 2배 이상이면 건전하지 않다고 보거든.

이건 기본 중의 기본이라 굳이 말하지 않고 넘어가려 했는데 자본잠식 상태인지도 재무상태표로 알 수 있어. 하지만 자본잠식 기업이라면 재무상태표까지 보며 투자를 고민하지 않겠지? 아예 투자할 생각을 하지 않을 테니 말이야.

이제 손익계산서로 넘어갈까?

손익계산서는 기업이 회계연도 1년간 얼마를 벌어서(매출액) 얼마를 쓰고 얼마를 남겼는지(이익)를 보여줘. 회계연도는 그 기업의 회계가 시작해서 끝나는 기간을 말하는데 보통 1월 1일부터 12월 31일까지야.

손익계산서는 그 기업이 1년간 벌어들인 돈인 매출액부터 시작해. 그 밑으로 매출액을 올리기 위해 쓴 돈이 나오고 이 비용을 제하면 영업이익이 나오지. 영업이익 밑으로 기업 본연의 경영활동 이외의 활동으로 벌어들인 돈과 쓴 돈이 나오는데 이를 더하고 빼면 세전 계속사업이익이 돼. 여기서 세금을 빼면 마지막으로 당기순이익이 되는 거야.

손익계산서에선 제일 먼저 매출액과 영업이익이 늘어나는 추세인지, 줄어드는 추세인지 파악해야 해. 기업 본연의 영업활동에서 성장하는 것이 가장 중요하기 때문이지.

여기서 매출은 줄고 있는데 비용이 줄어 영업이익이 늘었다면 계속 투자할 것인지 생각해볼 필요가 있어. 매출 감소는 결국 영업이익 축소로 이어지기 때문이야.

매출이 늘었는데 비용이 더 늘어 영업이익이 줄었다면 재무제표를 설명해놓은 주석 중에 '비용의 성격별 분류'에서 비용구조를 살펴봐야 해. 예컨대 원재료 비용이 올랐는지, 인건비가 늘었는지 보고, 매출이 늘면 영업이익이 큰 폭으로 늘어날 수 있는 구조인지 판단해야 해. 그래야 주가가 상승할 것으로 기대할 수 있거든.

다음으로 지배지분 순이익이 영업이익과 얼마나 차이가 나는지 봐야 해. 갑자기 지배지분 순이익이 뭐냐고? A란 회사가 B란 회사의 지분을 50% 이상 보유하면 B 회사의 당기순이익이 100% A 회사의 당기순이익에 더해져. 지배지분 순이익은 A 회사의 순이익 규모를 좀 더 정확히 파악하기 위해 A 회사가 보유한 B 회사의 지분율만큼만 순이익을 반영하는 거야.

A 회사가 B 회사의 지분을 50% 보유하고 B 회사가 100억원의 순이익을 올렸다면, A 회사의 당기순이익에는 B 회사의 순이익 100억원이 다 합산되지만 지배지분 순이익에선 50억원만 합산돼.

어쨌든 순이익에는 이자 수익이나 이자 비용, 환율 변동에 따른 손익, 건물 등을 팔아서 생긴 일회성 이익 등 영업과 관계없고 외부 환경 변화에 따라 변동이 심한 손익이 반영된다는 점을 고려해야 해. 순이익이 영업이익과 왜 차이가 많이 나는지, 이런 차이를 만든 요인이 일회적인 것인지, 지속적인 것인지를 따져볼 필요가 있다는 거야. 순이익은 연도별 추세를 볼 때도 일회성 요인을 감안하고 판단해야 해.

현금흐름표에 대해 알아보자

마지막으로 현금흐름표는 회계연도 1년간 기업의 현금흐름을 보여주는 표야. 현금흐름은 영업활동, 투자활동, 재무활동에서 창출돼.

영업활동 현금흐름은 기업이 하는 사업에서 일어난 현금흐름을 보여주는 거야. 이건 당연히 플러스여야 좋아.

투자활동 현금흐름은 부동산이나 증권 등 자산을 매매하거나 설비를 짓거나 하는 투자로 인해 일어나는 현금흐름을 말해. 이게 마이너스면 투자를 해서 현금이 빠져나갔다는 것이고, 플러스면 자산을 팔아서 현금이 들어왔다는 거야.

투자활동 현금흐름은 마이너스인 게 일반적으로 좋은 것으로 여겨져. 이게 플러스면 자산을 팔았다는 의미니 기업이 체질을 개선하기 위해 구조조정을 진행 중이라고 해석할 수도 있지.

재무활동 현금흐름은 기업이 자본을 조달하고 상환하는 과정에서 일어나는 현금의 유입과 유출을 보여주는데 투자를 받거나 돈을 빌리면 플러스, 빌린 돈을 갚으면 마이너스가 돼. 그러니 대개 마이너스가 좋은 것으로 평가되지. 하지만 성장하는 기업은 계속 사업을 확장해야 하니 돈이 많이 필요하고 이 결과 재무활동 현금흐름이 플러스를 보이는 경우가 많아.

하지만 현금흐름표에서 가장 중요한 핵심은 영업활동에서 현금흐름이 플러스가 되는 거야. 투자활동과 재무활동에서 현금흐름의 플러스, 마이너스는 이유를 따져볼 필요가 있어.

차트 믿다 망하지 말고
이것만 기억해

• • •

차트를 보고 주식을 사고팔지 마. 차트는 과거 주가일 뿐이야. 과거 주가를 보면 좋은 주식은 너무 올라서 못 사고 많이 떨어진 주식만 싼 거 같아 사게 돼. 그런데 '싼 게 비지떡'인 경우가 많아.

주식 투자를 하다 보면 차트를 자주 보게 돼. 차트는 시간의 흐름에 따라 주가의 움직임을 보여주는 그래프야.

엄마도 그랬는데 많은 사람들이 차트를 보고 '어, 주가가 많이 올랐네' 하며 주식 사는 걸 꺼리고, '이 정도면 주가가 많이 떨어진 거네' 하며 주식 매수를 결정해버려. 그런데 이게 주식 투자에서 망하는 길이야.

좋은 주식은 많이 올랐어도 사야 하고, 나쁜 주식은 많이 떨어졌어도 팔아야 하거든. 그런데도 차트는 단지 '가격'을 보고 주식 투자를 결정하게 만들어.

하지만 워런 버핏은 '가격'이 아니라 '가치'를 보고 투자를 결정해야 한다고 강조하지. 가격은 그냥 지금 주가일 뿐이야. 차트에 나타난 가격 말이야.

기업의 가치는 재무제표에 들어 있어. 기업이 가진 자산과 실적 추이를 보고 그 기업이 가진 가치가 어느 정도인지 가늠하는 거지. 재무제표를 보고 현재 주가를 보면 지금 주가가 가치에 비해 싸다, 비싸다를 판단할 수 있어. 버핏이 강조하는 이 같은 기업 가치 평가를 '기본적 분석'이라고 해. 말 그대로 주식 투자의 기본인 거지.

반면 차트를 보고 주식을 매수할지, 매도할지 결정하는 방법도 있는데 이건 '기술적 분석'이라고 해. 그런데 너도 생각해봐. 차트는 과거의 주가 움직임이야. 기술적 분석은 과거 주가를 보고 미래의 주가를 예측하는 방법인 셈이지.

이렇게 말하니 무슨 점치는 거 같지? 그래서 엄마는 네가 기술적 분석엔 관심도 갖지 않았으면 좋겠어. 실제로 엄마가 오랫동안 뉴욕 증시와 한국 증시에 대해 기사를 써오면서 많은 투자자들을 접했는데, 성공한 투자자 중에 기술적 분석 운운하는 사람은 없었어.

그래서 엄마가 주가 차트에 대해 네가 기억했으면 하는 한 가지는, 차트를 믿지 말라는 거야. 주가가 많이 올라와 있든, 떨어져 있던 과거 주가는 무시해. 지금 이 기업의 내재적 가치, 쉽게 말하면 이익 창출력이나 이익 증가율 같은 기업의 체력이 어떤지 파악하고 지금 주가와 비교하기만 하면 되는 거야.

다만 온라인으로 주식 거래를 할 때 종목을 보면 차트가 뜨니까 기본적인 용어와 개념 정도는 알아두는 것도 괜찮다고 생각해. 네가 온라인 거래를 PC로 하면 증권사 HTS를, 스마트폰으로하면 증권사 MTS를 이용할 텐데 거기서 차트를 보면 깨끗한 선이 아닐 거야. 막대기들이 쭉 연결된 형태라 중간에 끊어진 듯한 느낌도 들고 할 거야.

봉차트가 뭘까?

봉은 빨간색이나 파란색 직사각형에 때로 위와 아래에 선이 그어져 있는 형태야. 우선 빨간색은 양봉이라 하는데, 그 날 첫 가격인 시가보다 마지막 가격인 종가가 높게 끝났다는 의미야. 파란색은 음봉이라고 하고, 종가가 시가보

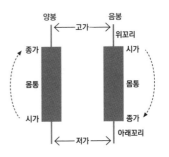

■ 봉차트 구조

다 낮았다는 뜻이지. 그래서 빨간색일 땐 사각형 윗변이 종가, 밑변이 시가가 되고 파란색은 윗변이 시가, 밑변이 종가야. 색깔에 관계없이 사각형 위에 달린 선의 끝은 그날의 최고가, 밑에 달린 선의 끝은 그날의 최저가야.

이렇게 봉 하나가 하루의 주가 변동을 보여주면 일봉, 한 주를 표현하면 주봉, 한 달을 나타내면 월봉 차트가 돼.

봉차트를 볼 때 두 봉 사이가 떨어져 공간이 있는 경우가 있어. 오늘 시가, 종가, 고가, 저가가 하나도 전날 가격과 겹치지 않는 거지. 이 빈 공간을 갭Gap이라고 해. 상승하면서 갭이 나타나면 매수세가 강하고, 하락하면서 갭이 발생하면 매도세가 강하다고 판단해.

추세선도 알아두자

기술적 분석에서 봉차트 다음으로 알아야 하는 건 추세선이야. 추세선은 주가 흐름의 방향을 나타내는 선이야.

상승 추세선은 주가의 저점들을 쭉 연결했을 때 올라가는 그래프야. 상승 추세선은 지지선이라고도 하는데 주가가 더 떨어지지 않게 지지해주는 경향이 있다는 의미야. 주가가 지지선 밑으로 떨어지면 상승 추세가 훼손됐다고 판단하지.

■ 추세선

상승 추세선   하락 추세선

하락 추세선은 주가의 고점들을 쭉 연결했을 때 떨어지는 그 래프야. 하락 추세선은 저항선이라고도 하는데 주가가 이 선에 막혀 올라가지 못하는 경향이 있다는 뜻이야. 주가가 저항선을 뚫고 올라가면 하락 추세에서 상승 추세로 반전된 것으로 여겨져.

그럼 주가 흐름이 상승 추세도, 하락 추세도 보이지 못하면 뭐라고 할까? 주가가 옆으로 긴다는 뜻으로 횡보한다고도 하고 박스권에 갇혔다고도 말해. 박스권도 대략 윗변과 밑변이 나오지? 이때는 윗변이 저항선, 밑변이 지지선이 돼.

이동평균선도 배워두자

이동평균선도 자주 듣게 될 거야. 이동평균선은 줄여서 이평선이라고도 하는데 주가의 평균가격을 계산해 연결한 선이야. 예를 들어 5일 이평선이면 그 날까지 5일간의 주가 평균을 계산해

쪽 연결하는 거지.

5일과 10일 이평선은 단기 추세, 20일과 60일 이평선은 중기 추세, 120일과 200일 이평선은 장기 추세를 볼 때 활용해. 이평선이 상승하면 상승 추세, 하락하면 하락 추세로 판단하는 거야.

또한 주가가 상승하는 이평선 위에 있으면 상승 추세가 이어지고, 하락하는 이평선 위에 있으면 하락 추세가 상승 전환하는 신호라고 해석해. 반대로 주가가 상승하는 이평선 밑에 있으면 상승 추세가 하락으로 바뀌는 조짐으로 판단하고, 하락하는 이평선 밑에 있으면 하락 추세가 지속된다고 보는 거야.

이평선과 관련해서 골든크로스와 데드크로스라는 용어도 알고는 있는 게 좋을 거야. 골든크로스는 단기 이평선이 장기 이평선 밑에서 위로 뚫고 올라가는 모습인데, 향후 주가가 상승할 것이라는 강력한 신호로 여겨져. 반대로 데드크로스는 단기 이평선이 장기 이평선을 위에서 아래로 돌파하는 모습으로, 향후 주가가 하락할 것이란 신호로 받아들여지지.

앞에서도 강조했지만 기술적 분석은 과거 주가로 미래 주가를 예측하려는 시도라는 사실을 절대 잊지 마. 즉 믿지 말라는 말이야. 골든크로스, 데드크로스만 해도 틀릴 때가 많으니까.

증권사 고를 때
수수료보다 중요한 것

• • •

대부분의 사람들이 주식 투자를 할 때 거래 수수료가 가장 싼 증권사를 골라. 하지만 수수료를 아끼는 것보다 시스템이 안정적이고 평판이 좋은 증권사를 고르는 게 좋다고 생각해.

주식 투자를 하려면 증권사를 골라야 해. 증권사에 계좌를 만들어야 주식을 사고팔 수 있으니까. 요즘은 PC에서 HTS나 스마트폰에서 MTS를 이용해 주식 거래를 해. 스마트폰에서 증권사 앱을 다운받으면 증권사를 방문하지 않고 비대면으로 편리하게 계좌를 만들 수도 있지.

그럼 어떤 증권사를 골라야 할까? 많은 사람들이 거래 수수료를 기준으로 증권사를 선택해. 주식을 사고팔 때마다 증권사에 수수료를 줘야 하는데 이 수수료는 증권사마다 다르거든. 그러니까 수수료가 싼 증권사에서 주식 투자를 하면 비용을 줄일 수 있지. 요즘은 증권사끼리 경쟁이 치열해서 온라인 거래 수수료를 아예 안 받는 곳도 있어.

하지만 엄마는 네가 수수료보다 증권사의 규모와 평판을 기준으로 증권사를 골랐으면 해. 물론 투자할 때 수수료 같은 비용은 중요해. 그런데 그건 부차적인 문제야.

엄마 경험을 얘기해줄게. 엄마가 좀 알뜰하잖니? 그래서 펀드에 투자할 때 수수료를 중요하게 봤거든. 이왕이면 수수료가 싼 펀드에 투자하려 했지. 그런데 수수료가 낮아서 비용을 절약하면 뭐하냐고? 펀드 수익률이 좋아야지. 수수료가 비싸도 수익률이 좋으면 되는 거잖아?

물론 펀드와 주식 투자는 달라. 주식 투자는 네가 투자할 주식을 고르는 거니까 어떤 증권사에서 계좌를 만들든 증권사 때문에 수익률이 달라지진 않아. 다만 펀드든 주식이든 비용 절약이 목적이 아니라 돈을 버는 것이 목적이라는 거야. 증권사를 고를 때도 수수료가 첫 번째 기준이 될 수 없다는 거지.

규모가 큰 증권사를 고르라는 것은 그래야 HTS와 MTS에 투자할 여력이 많아 거래 시스템 운영이 안정적일 가능성이 높다는 점 때문이야. 그리고 여러 가지 투자 자료도 더 풍부하게 제공해줄 수 있어. 인력도 규모가 작은 증권사보다 많으니 상담도 더 잘해주지 않겠니?

수수료가 가장 싼 증권사를 선택하는 사람들에겐 증권사에서 어떤 도움도 받을 필요가 없고 그냥 나 혼자 주식을 공부해서 알아서 하면 된다는 심리가 있는 것 같아. 하지만 이건 바람직하지 않다고 생각해. 네 생각이 항상 옳은 건 아니니까 증권사에서 제공하는 여러 가지 서비스를 통해 정보와 지식을 얻고 네 판단을 검증받는 것이 중요하다고 생각하거든.

규모가 큰 증권사를 선택하라는 또 다른 이유는 별로 가능성이 높진 않지만 만에 하나 주식 투자를 하다 시스템 오류나 주문 실수 같은 사고가 발생할 수도 있기 때문이야. 이게 네 잘못이라면 그냥 네가 책임을 지면 되는데, 누구 잘못인지 다퉈볼 여지가 있을 때가 있어. 이런 경우 규모가 크고 평판이 좋은 증권사가 좀 더 매끄럽게 문제를 처리하는 경향이 있어. 평판이 좋다는 건 평판에 더 신경을 쓴다는 의미잖아. 그러니 투자자와 문제나 분쟁도 원활하게, 조용히 해결하려고 하거든.

그리고 네가 주식을 자주 사고팔지 않는다면 수수료는 정말이지 중요한 문제가 아니야. 매매를 자주 할 때 수수료가 문제가 되는 거지.

주식을 자주 샀다 팔았다 하면서 큰 수익을 얻기는 어렵다고 생각해. 단기적으로 주가가 어떻게 될지 예측하는 건 불가능하기 때문이야. 좋은 주식을 오래 갖고 가는 것이 최선이라고 믿어.

증권사 PB랑 친하게 지내, 너무 믿진 말고

• • •

거래수수료가 좀 올라가더라도 PB랑 상담하는 것이 좋아. 네 판단이 맞는지 검
증해주면서 실수를 막아줄 수 있거든. 그렇다고 PB의 말을 너무 믿지는 말고.
투자는 결국 네 책임이니까.

PB는 프라이빗 뱅커Private Banker를 말해. '사적인 은행가'라고
해석해야 할까? 내 돈을 개인적으로 관리해주는 금융회사 직원이
라고 생각하면 돼.

왜 갑자기 PB 얘기냐고? 돈도 없는데. 돈 없으면 PB 얘기하
면 안돼? 아하, PB는 수억원씩 돈을 맡기는 사람이나 만나 상담
해주는 거 아니냐는 거지?

사람들이 많이 오해하는 것이 돈을 많이 맡겨야 PB가 관리해
준다는 거야. 엄마도 그런 줄 알았어. 언론사 증권부랑 금융부에
서 그렇게 오래 일했으면서도 말야.

그런데 엄마가 고등학교 때 친구랑 만나 얘기를 하는데 그 친구는 증권사 PB한테 돈을 맡긴다는 거야. 그 PB가 알아서 돈을 굴려주냐고 하니까, 그런 건 아니고 주식하고 금융상품 같은 걸 추천해주면 자기가 결정해서 이렇게 저렇게 해달라고 하면 PB가 그렇게 한다는 거야.

내가 자문료 같은 것을 따로 주냐니까 그런 게 없대. 그리고 5년 정도 PB에게 돈을 맡겼는데 연평균 6~7% 정도의 수익률을 올렸다는 거야. 엄만 깜짝 놀랐지. 은행 예금금리가 1년에 1%대인데 6~7%면 대단하잖아. 얼마나 돈을 맡겨야 PB가 돈을 관리해주냐고 하니까, 자기도 처음엔 별로 큰돈을 맡기진 못했고 남편이 성과급 받을 때마다 계속 맡겼더니 점점 늘었다는 거야.

그래서 엄마도 당장 다음날 증권사에 알아봤더니 증권사 PB는 얼마 이상 돈을 맡겨야 상담을 받을 수 있다는 그런 조건은 없었어. 다만 PB에게 돈을 맡기면 주식 거래를 할 때 온라인으로 직접 매매할 때보다 수수료가 더 나가는 정도더라고.

증권사 PB에게 돈을 맡긴다는 게 별거는 아니야. 계좌를 만들면 PB가 상담을 해주고 주식이나 금융상품을 추천해줘. 그럼 내가 어디에 투자하고 싶다고 해. 그럼 PB가 내 투자 결정을 녹음한 뒤 나 대신 주식이나 금융상품을 매수해줘. 매매를 PB에게 맡기지 않고 내가 직접 온라인으로 해도 되고 말이야.

다만 은행 PB는 증권사 PB랑 달리 맡기는 돈이 많아야 해. 은행마다 기준이 다르긴 하지만 최소한 1억 원은 넘어야 할 거야.

엄마가 PB 얘기를 하는 건 주식 투자를 하려면 PB랑 친한 것이 좋기 때문이야. 대부분의 투자자들은 자기가 똑똑하다고 생각해서 그냥 자기가 알아서 종목을 골라 투자하고 팔고 해. 그런데 이렇게 혼자 투자하면 시야가 좁아지고 뭐랄까, 제어장치가 없어 독단적이 될 위험이 있어.

PB는 내가 모르거나 간과하고 있던 부분을 얘기해줄 수 있어. 내 투자 시야를 넓혀주는 거지. 또한 내가 생각하지 못했던 부분을 말해서 잘못된 투자 결정을 막아주기도 하고. 네가 일하느라 바쁠 때 투자 결정만 내리면 대신 주식을 사거나 팔아주기도 하기 때문에 편하기도 해.

엄마가 어떤 ETF에 꽂혀서 얼마를 투자했거든. ETF는 상장지수펀드라고 하는데 펀드를 기업처럼 주식시장에 상장해 매매할 수 있도록 한 거야. ETF에 투자하면 유가나 환율 같은 데도 투자할 수 있어. ETF가 유가나 환율의 움직임을 따라가도록 설계할 수 있거든.

어쨌든 엄마가 ETF에 투자했는데 그게 좀 오르다가 약간 떨어졌어. 엄마는 그게 저가 매수의 기회라 생각했지. 싼 값에 살 수 있는 좋은 기회라 본 거야. 그래서 더 많은 돈을 투자하겠다고 PB

에게 말했지. 그러니까 PB가 아직 바닥이 확인된 게 아니니 너무 많이 추가 매수하지 말고, 정 사고 싶으면 조금만 더 사라는 거야.

엄마가 그 말을 들었기에 망정이지 엄청나게 큰 손해를 볼 수도 있었잖니. 그 ETF가 완전 폭락했거든. 결국 손해보고 청산하긴 했지만 그나마 그 PB가 말려서 손해를 줄인 거야.

그 경험을 통해 투자 결정을 내릴 때 누군가의 말을 들어보는 게 정말 필요하다는 걸 배웠어. 애초에 PB가 왜 그 ETF 투자를 말리지 않았냐고? 엄마가 투자하겠다고 하니까 그냥 하게 한 거지. PB는 고객이 결정하면 따르거든. 물론 적극적으로 안 말린 것이 좀 아쉽긴 하지만.

그런데 PB를 너무 철썩 같이 믿어서도 안돼. PB를 믿고 금융상품에 투자했다가 엄청난 손실이 나는 경우도 적지 않거든. 독일 국채 금리로 만든 DLS에서 80~90% 손실이 났던 적도 있고, 몇몇 사모펀드에서도 엄청난 손실이 발생한 적이 있어.

참고로 DLS는 파생결합증권이라고 해. 환율이나 유가, 금리 등이 특정 가격 범위를 벗어나지 않으면 미리 정해놓은 수익률을 지급하고 이 범위를 벗어나면 손해를 보는 상품이야.

ETF니 DLS니 이상한 투자상품이 많지? 그냥 관심을 두지 마. ETF는 주식형 펀드 같은 거는 괜찮지만 유가나 금값이나 이런 것에 투자하는 건 하지 마. 이런 건 가격에 투자하는 거잖아. 네가 점쟁이도 아니고 미래의 가격 움직임을 어떻게 예측하겠니?

주식은 좋은 기업에 투자하면 올랐다 떨어졌다 해도 기다리다 보면 장기적으로 상승세를 보이거든. 하지만 유가나 금리, 환율 같은 것은 기다린다고 올라가는 게 아니야. 게다가 몇십 년간 어떤 박스권 내에서 움직였다고 해도 어느 순간 이 박스권의 차원이 달라지는 수가 있어서 진짜 예측 불가능이야.

그리고 DLS는 구조 자체가 확률 게임, 쉽게 말해 도박이야. 어떤 조건을 충족하면 이자를 주고 충족 못하면 손실을 입는 상품이니까. 이 조건을 충족하지 못할 가능성은 1%도 안 된다고 해서 투자했다가 1%도 안 되는, 극히 일어나기 힘든 일이 일어나서 손해를 보는 경우가 있거든.

물론 이런데 투자해서 이익을 볼 수도 있어. 하지만 이건 우연히 가격 예측이 맞아서 그런 거야. 예측이 맞은 것 자체가 순전히 운인 거지. 운에는 네 재산을 걸지 마.

얘기가 다른 곳으로 빠졌는데 이런 금융상품들은 수수료가 높아서 PB들이 열심히 팔려고 해. PB는 금융상품을 많이 팔고 거래가 자주 일어나야 증권사 수수료 수입이 늘어나니까 자꾸 뭘 팔려고 할 수밖에 없어. 그러니까 네가 잘 분별해야 한다는 거야. 무조건 PB 말만 들으면 안돼.

요약하면 PB랑 자주 대화해서 네 투자 시야를 넓히고 투자 결정을 내리기 전에 꼭 PB와 상담해서 네가 놓치고 있는 게 없는지 물어보라는 것, 그러나 PB가 하자는 대로 무조건 따르지 말라는 거야. 결국은 네 돈이니까 PB 말이 맞는지 검증하는 건 네 몫이라는 거지.

주식 투자하기 전에
다섯 가지를 약속해

* * *

◆ 매매할 때마다 주식을 사고파는 이유를 기록해 ◆ 남과 비교하지 마 ◆ 운에는 투자하지 마 ◆ 모르는 곳에는 투자하지 마 ◆ 하루에 30분 이상은 주식 투자에 쓰지 마

주식 투자에 잔소리가 너무 길었지? 미안!!! 돈 문제다 보니 할 말이 더 많네. 게다가 손해를 볼 수도 있는 투자다 보니.

하지만 이제 약속대로 엄마가 관리해온 네 세뱃돈을 돌려주는 셈치고 200만원을 줄게. 주식을 배우기 위한 수업료 정도로 생각해. 이 돈으로 주식 투자를 해보면서 네가 돈을 벌 때마다 조금씩 투자자금을 늘려가도록 해.

그런데 시작하기 전에 잔소리 하나만 더 하자. 진짜 마지막! 주식 투자에 임할 때 네가 가져야 할 마음가짐 같은 걸 말해주고 싶거든. 주식시장엔 뉴스도, 분석도, 전망도, 소문도 많아. 네가 마

음을 단단히 먹지 않으면 사람들이 하는 말에 휩쓸려 잘못된 판단을 내리기 십상이야. 그러지 않도록 지금 말하는 다섯 가지를 항상 기억하고 지켰으면 좋겠어.

첫째. 매매할 때마다 이유를 기록해

주식을 살 때 왜 샀는지, 팔 때 왜 팔았는지 적어봐. 기록해야 하는 이유는 크게 세 가지야. 글로 쓰면서 생각을 정리할 수 있고, 훗날 투자 판단을 내릴 때 과거의 네 생각을 정확히 알 수 있으며, 그래야 투자 실력이 늘기 때문이야.

사람들은 다 생각하고 투자를 한다고 믿지. 하지만 남의 말만 듣고 또는 주가 차트만 보고 즉흥적으로 투자 결정을 내리는 사람이 많아. 이렇게 투자를 하면 100년을 해도 실력이 안 늘어.

누군가가 "이 주식은 이래서 오를 겁니다"라고 말해서 네가 투자를 한다면 그건 네 생각이 아니야. 그 사람 생각이지. 그 사람 말이 맞는지 자료를 찾아 검증해야 네 생각이 되는 거야.

이런 걸 그냥 생각만 하면 되지 꼭 적어야 하냐고? 머리로 생각하고 끝내면 구체적으로 정리가 안 되잖아. 글로 기록해 눈으로 보는 것과는 완전히 다르지. 기록이 있어야 시간이 흐른 후에도 과거 네 투자 결정의 이유를 분명하게 알 수 있어.

이런 매매 기록이 쌓이면 너는 과거의 투자에서 부족한 점을 찾아 점차 보완해갈 수 있을 거야. 이게 쌓이고 쌓여 네 투자원칙이 되는 거고.

주식시장에서 자기만의 투자원칙이 있다는 것은 대단한 거야. 투자의 방향을 제시해주는 든든한 지도와 나침반이 있다는 뜻이거든. 지도와 나침반이 정확할수록 당연히 투자를 더 잘하겠지? 그런 의미에서 투자원칙이 곧 투자 실력이라고 할 수 있어.

둘째. 남과 비교하지 마

투자를 하다 보면 항상 네가 가진 종목보다 더 많이 오르는 종목이 있을 거야. 그러면 그걸 샀어야 했는데 잘못했다 싶고, 그래서 네가 가진 종목을 팔고 오르는 종목을 사게 돼. 그럼 네가 팔았던 종목은 갑자기 오르고 네가 지금 막 산 새 종목은 오르다 떨어지는 일이 다반사야.

투자하다 보면 묘하게 이런 상황이 많아. 내 종목만 안 오르고 내 종목만 떨어져. 진짜 너무 속상하지. 그런데 이렇게 오르는 종목만 바라보며 샀다 팔았다 하면 남는 건 없고 결국 손해만 보게 돼.

그냥 네 투자만 해. 남의 수익률을 신경 쓰면서 부러워하지 말고.

다만 네가 펀드에 투자할 때는 남의 수익률에 신경을 써야 해. 무슨 말이냐 하면 펀드에는 기준으로 삼는 벤치마크라고 하는 지수가 있는데 이 지수 움직임과 펀드 수익률을 비교해봐야 한다는 거야.

펀드는 네가 주식을 골라 투자하는 게 아니라 일종의 주식 묶음을 사는 거잖아? 당연히 좋은 펀드를 사는 게 중요하지. 좋은 펀드는 뭐니뭐니해도 수익률이 좋은 펀드고 말이야. 그러니까 비슷한 유형의 펀드들이 기준으로 삼는 벤치마크와 각 펀드들의 수익률을 비교해보고 좋은 펀드를 고르라는 거야.

펀드 수익률이 지수 움직임을 하회하면 그 펀드는 좋은 펀드가 아니야. 그럴 땐 비슷한 유형의 다른 펀드로 갈아타는 것이 좋아. 예를 들어 중국 펀드라면 다른 중국 펀드로 교체하라는 거지. 수익률 나쁜 펀드를 들고 있을 필요는 없잖니?

셋째. 운에는 투자하지 마

예측에는 베팅하지 말라는 거야. 예를 들어 금값이 오를 것이라고 생각해서 금에 투자한다면 이건 예측에 투자하는 거지.

선물이나 옵션도 가격 예측에 투자하는 거야. 선물이 뭔지, 옵션이 뭔지는 상세히 설명하지 않을게. 아예 관심을 갖지 않았으면 해서 말이야. 선물이나 옵션은 예측만 맞으면 적은 돈으로 큰돈을 벌 수 있어 혹하는 사람들이 많은데 이게 바로 운에 맡기는 로또나 도박 아니니?

앞에서 설명한 DLS나 주가연계증권ELS도 마찬가지야. ELS는 지수나 개별 종목의 주가 움직임에 따라 손익이 나도록 설계한 파생상품이야. DLS는 주가 외에 다른 자산 가격을 기준으로 삼는 파생상품이야. 파생상품은 주식과 채권, 금 같은 기본적인 상품에서 파생돼 나온 금융상품을 뜻하는 말이지. 엄마는 기본상품에만 투자하는 것이 좋다는 주의야.

다시 돌아와서 DLS나 ELS는 기준으로 삼고 있는 지수나 주가, 특정 상품의 가격이 몇 % 아래로 떨어지지 않으면 연 몇 %의 수익률을 주는 식의 상품이야. 은행에서도 이런 상품을 파는데 은행이나 증권사나 "지수가 몇 % 아래로 떨어질 확률은 거의 없다. 그러니까 거의 안전하게 예금금리보다 높은 수익률을 올릴 수 있다"고 홍보하지. 이 말이 틀린 말은 아니야. 다만 예측이란 빗나갈 수 있다는 게 문제지.

주식도 가격이 오를 것이란 예측에 베팅하는 거 아니냐고? 음, 그렇긴 하지만 좀 다르지. 단기적으로 주가가 오를지, 떨어질지 예측하고 투자하는 건 아니니까. 우량한 기업에 투자하면 당장 주가가 떨어져도 언젠가는 이익 수준에 따라 주가가 회복된다고 믿고 하는 거지. 반면 선물, 옵션, ELS, DLS 같은 파생상품은 투자에 정해진 기간이 있어. 그 기간이 지나면 손해를 봐도 그걸로 끝이야. 가격이 회복되길 기다리고 뭐고가 없어.

물론 기업의 이익 수준도 결국 예측이 아니냐고 할 수 있어. 그런데 이건 예측이라기보다 분석에 가깝지. 재무제표에서 기업의 사업 결과물인 실적을 보고 그간의 추이를 분석해 투자 결정을 내리는 거니까.

앞에서 주식에 투자하는 것은 기업에 투자하는 것이니 기업을 인수한다는 생각으로 주식을 사라고 한 말 기억나니? 기업을 살 때는 주가가 오를 건지, 말건지 이런 거 생각하지 않고 기업이 이익을 잘 내는 구조를 갖췄는지를 보잖아? 주식 투자는 가격 예측이 아니라 사업구조 분석이라는 게 이 말이야.

금도 투자하고 기다리면 가격이 오르는 거 아니냐고? 그렇다고 많은 사람들이 얘기하지. 금 투자에 대해선 가격 상승보다는 분산 투자 차원에서 접근하는 것이 맞다고 생각하는데 분산 투자에 대해선 나중에 얘기하자.

넷째. 이해할 수 없는 것에는 투자하지 마

워런 버핏은 자기가 모르는 분야에는 투자하지 않는다는 원칙이 있어. 그래서 1990년대 말 인터넷기업의 주가가 폭등할 때 아예 관심조차 두지 않았어. 모르는 분야에 투자하는 건 도박이나 마찬가지라고 생각했거든.

어떤 기업이 어떻게 돈을 버는지 이해할 수 없다면 그 기업이 앞으로 계속 성장할지, 도태될지도 전혀 가늠할 수가 없어. 그런 기업에 투자한다는 건 그냥 운에 돈을 맡기는 거야.

게다가 잘 모르는 기업에 투자하면 주가가 떨어져도 문제고, 올라도 문제야. 지금 주가가 비싼 건지, 싼 건지 전혀 알 수가 없으니까. 그러면 그 주식을 더 사야 하는지, 이젠 팔아야 하는지 판단하기도 난감해. 판단할 근거가 없거든. 그냥 감에 따르거나 남들 하는 대로 따라하는 수밖에 없어.

주식시장에서는 대중이 가는 대로 좇아다니다간 손해 보기 십상이야. 남들 다 사서 비쌀 때 따라 사고, 남들이 팔아서 주가가 하락할 때 팔게 되거든. 모르는 기업에 투자했다는 것은 십중팔구 남들이 좋다고 하니 따라 산 것일 테고, 결국 팔 때도 따라 팔 가능성이 높으니 딱 손해 보기 쉬운 투자가 되는 거야.

다섯째. 주식에 하루 30분 이상 쓰지 마

주식 투자가 네 본업은 아니잖아. 따로 생업이 있을 거 아니니. 지금은 대학생이니까 대학 공부가 있고. 그런데 주식에 정신이 팔려 네 본업에 소홀해지면 그건 큰 문제지.

성공한 투자자들은 주식을 산 뒤 잊어버리고 있다가 먼 훗날 찾아보라고 조언해. 매일 들여다보고 있으면 하루하루 주가 움직임에 자꾸 샀다 팔았다 하고 싶으니까. 사람 마음이란 게 내 자산 가치가 왔다갔다 하면 막 흔들리잖아.

좋은 주식을 산 뒤 잊어버리고 있는 게 가장 좋긴 하지만 그러기는 쉽지 않아. 그리고 너는 돈이 생기면 꾸준히 주식 투자를 늘리기로 했으니까 매일 주식을 보지 않을 순 없을 거야. 그래도 매일 30분 이상은 주가를 쳐다보지 마. 계속 주식시장을 들여다본다고 투자를 잘하는 게 절대 아니야.

하루 30분 동안 한국과 미국의 주가 지수와 환율, 채권 금리를 살펴보고 네가 가진 종목과 관련한 새로운 소식과 주가 정도만 확인하면 돼. 미국 시장은 아침에, 한국 시간은 오후 장 마감 후에 15분씩이면 충분할 거야. 관심 있는 종목이 생기면 주식시장이 열리지 않는 주말에 조사해보면 돼.

이제 주식에 투자할 기본적인 준비는 됐어. 주식을 사기만 하면 돼. 그런데 이제부터가 진짜 고민이지. 도대체 어떤 주식을 사야 돈을 벌 수 있을지 결정해야 하니 말이야. 종목 선정은 주식 투자의 꽃이라고 할 수 있어. 어떤 종목을 샀느냐가 주식 투자의 전부라 해도 과언이 아닐 정도로 주식 투자의 성패를 좌우하거든. 불행하게도 향후 주가를 예측할 수 있는 사람은 아무도 없어. 그렇다면 주가가 오를 주식은 어떻게 고르는 걸까? 여기에서는 어떤 주식에 투자할 것인지, 그리고 그 주식은 언제 팔아야 하는지 알아보도록 하자.

3장

엄마,
무슨 주식을
살까?

가치주 vs. 성장주, 어디에 투자할까?

• • •

가치주는 주가가 기업 가치에 비해 낮은 주식이야. 주가가 기업의 가치를 따라 오를 것이라고 기대할 수 있지. 하지만 남들이 알아주지 않고, 유동성이 떨어지며, 찾기 어렵다는 문제가 있어.

막상 주식 투자를 하려니 뭘 사야 할지 모르겠지? 우리나라 만 해도 주식시장에 상장된 종목이 3천 개가 넘으니 투자할 종목 을 골라낸다는 게 진짜 쉽지 않지.

그런데 어떤 기업에 투자할 건지는 뻔하지 않니? 엄마가 앞 에서 누누이 말해온 좋은 기업에 투자해야지. 문제는 어떤 기업 이 좋은 기업이냐는 거지.

투자할 만한 좋은 기업과 관련해 주식시장에서는 오랫동안 양대 진영이 있었어. 가치주가 좋으냐, 성장주가 좋으냐? 이 문제 는 논쟁이라고 할 만큼 주식시장의 오랜 주제였지. 그래서 어디가 이겼냐고? 글쎄, 그건 쉽게 대답할 수 있는 문제는 아니야. 하지만 어디에 투자하는 게 낫다는 건 말해줄 수 있지.

우선 가치주는 기업이 가진 가치가 현재 주가보다 낮은 주식이야. 이익 대비 주가 수준을 나타내는 PER 기억하지? 이 PER이 낮거나 자산 대비 주가 수준을 보여주는 PBR이 낮은 기업을 말하지. 하지만 저PER주, 저PBR주라고 다 가치주는 아니야. 가치주에 투자하는 가치투자는 주가가 언젠가는 기업가치 수준으로 상승하리라고 믿고 투자하는 거야.

그러니까 기본적으로 좋은 기업이어야 해. 그럴 만한 이유가 있어서 PER이나 PBR이 낮다면 주가가 이익이나 자산가치 수준에 맞게 오르기 힘들 테니 말이야.

그런 주식이 어딨냐고? 그렇지. 좋은 기업인데 기업가치가 주가에 덜 반영됐다? 이건 사람들이 그 주식을 잘 모른다는 뜻이지. 사람들이 알면 그렇게 좋은 기업인데 벌써 투자했겠지. 그래서 가치주는 사람들이 잘 모르고 자주 거래하지 않는 중소형 기업인 경우가 많아.

가치주의 또 다른 특징은 대개가 성장성이 떨어지는 기업이라는 점이야. 저PER주 자체가 저성장 기업이라고 할 수 있어. 성장성이 높은 기업은 대개 PER이 높거든. PER이 높아도 성장성이 크니 이익이 빨리 늘어날 것으로 기대하고 투자자들이 높은 PER

을 받아들이거든. 성장성이 낮으면 높은 PER을 주기가 어렵지.

한 가지 더 짚고 넘어가자면, 이익은 주가에 빨리 반영되는 경향이 있어서 숨겨진 가치주는 대개 저PBR주야. 기업 외적인 충격을 제외하고 주가를 지속적으로 움직이는 가장 큰 단일 변수가 이익이니까. 기업이 매 분기 실적을 발표할 때도 가장 주목받는 것이 이익이야. 반면 자산가치는 재무상태표를 찾아봐야 알수 있는 거라 이익보다는 주가에 덜 반영되는 경우가 많아.

이런 가치주 투자엔 세 가지 문제가 있어. 첫째는 가치주는 마치 숨겨진 보물 같은 건데 기껏 투자했는데 아무도 보물이라고 알아주지 않을 수 있다는 거야. 주가도 가격이잖아. 가격은 수요와 공급에 의해 결정되지. 주식도 결국 수요가 많아야 가격이 오르는데 수요가 없는 거야.

가치주는 그래서 다른 사람들도 내가 발견한 주식의 가치를 알아줄 때까지 기다리고 또 기다려야 해. 그리고 사람들이 가치주에 주목해 주가가 기업가치 수준으로 올라오면 그때 팔아서 차익을 거두는 거지.

둘째는 가치주가 사람들이 잘 모르는 주식이다 보니 거래가 활발하지 않다는 거야. 유동성이 떨어지는 거지. 이 때문에 팔고 싶어도 살 사람을 못 구해 팔 수 없는 경우가 많아. 개인 투자자는 더하지. 주식 거래는 체결되는 순서가 있는데 가격이 좋을수록,

주문시간이 빠를수록, 수량이 많을수록 먼저 체결돼. 그러니 수량이 적은 개인 투자자는 매도하기가 더 힘들 수 있어.

가치주는 유동성이 떨어지다 보니 사려는 투자자가 조금만 늘어도 주가가 가파르게 오르는 특징이 있어. 시장에 거래되는 물량이 상대적으로 적으니 수요가 조금만 늘어도 가격이 큰 폭으로 상승하는 거지. 그런데 주가가 올라서 팔려고 하면 또 잘 안 팔리는 경우가 있어. 수요가 늘어봤자 투자자 층이 좁거든.

엄마가 과거에 가치투자 펀드를 따라 가치주에 투자했다가 아주 답답해 열불 난 적이 있거든. 그래서 가치주 투자는 개인이 할 건 아니라고 생각해. 팔아야 할 때 못 파는 건 굉장한 단점이거든.

셋째는 정보 공개가 잘 되는 투명한 주식시장일수록 가치주를 찾기가 어려워진다는 점이야. 모든 정보가 투명하게 공개되면 좋은 기업이 숨어 있기란 어렵거든. 그래서 그런지 요즘 가치주 투자는 크게 관심을 못 받고 있는 듯한 느낌이야.

성장주 투자, 칵테일에 취하지 마

• • •

성장주는 매출액과 이익이 빠르게 늘어나거나 늘어날 것으로 기대되는 주식이야. 이 때문에 주가도 빠르게 오르는데, 미래 이익이 주가 상승을 따라가지 못하면 주가가 무너질 수 있으니 조심해야 해.

엄마 설명을 들으니 성장주에 투자해야겠다는 생각이 들지? 하지만 성장주에 대한 설명도 마저 듣고 결정해.

성장주는 빠르게 성장하는 기업, 혹은 성장할 것이라고 기대되는 기업의 주식이야. 눈부신 성장으로 장밋빛 미래가 보장된 것처럼 보이니 성장주는 가치주처럼 숨어있을 수가 없어. 다 알고 다 열광해.

그러니 어떻겠니? 많은 사람들이 사는 주식이니 주가가 높겠지. PER이 높아. 게다가 요즘 성장주는 PBR 같은 건 아예 따지지도 않아. 성장주는 정보기술IT 기업이 많은데 IT 기업은 공장이나 건물 같은 큰 자산 자체가 필요 없잖아? 자산가치를 따진다는 것이 의미가 없지.

PBR은 원래 기업이 망했을 때 얼마를 건질 수 있는지를 따지는 개념이야. 주당 순자산가치가 100만원이고 주가도 100만원이라면 이 기업의 PBR은 1이야. 이 기업은 망해도 자산을 팔면 한 주당 100만원이 나와. 100만원에 한 주를 산 투자자는 본전은 건지는 거지.

그래서 PBR은 손해를 보지 않는 안정적인 투자를 추구하는 가치주에서 중시하는 개념이야. 저PBR주에 투자하면 그 기업이 망해도 자산을 팔면 얼마를 건질 수 있으니 최악의 경우라도 손실이 얼마로 제한된다는 거지.

이런 점에서 PBR은 안전마진인 셈이야. 그런데 눈에 보이는 자산이라고 할 만한 것이 없는 IT 기업들은 PBR이란 안전마진은 거의 없다고 할 수 있지.

안전마진이 PBR이란 뜻은 아니야. 안전마진은 사실 가치투자에서 중요한 개념인데 기업의 가치가 주가보다 낮을 때 가치와 주가의 차이를 말해. 이 차이가 클수록 주식을 기업가치보다 싸게 산 거고 안전마진이 큰 거야. 가치투자에서 안전마진은 손실을 보지 않게 해주는 보호막 같은 거라고 할 수 있어.

그런데 이 기업가치를 어떻게 계산할까? 자산가치로? 이익으로? 이익이라면 현재 이익으로? 미래 이익으로? 여기서 성장주란 개념이 나오는 거야. 미래의 이익을 기업의 가치로 인정해 투자하는 것, 바로 이게 성장주 투자라 할 수 있어.

성장주 투자의 문제는 첫째로 기업의 미래 이익을 정확히 예측하기 힘들다는 것이고, 둘째로 미래의 언제까지 이익을 기업가치로 인정할 것이냐는 점이야.

미래 이익을 추정하는 공식이 있다고 그게 미래 이익을 정확히 맞출 수 있는 건 아니잖아? 그리고 솔직히 미래 어느 때까지 이익을 기업가치로 잡을 것이냐는 사람 마음 아니겠니?

그래서 성장주 투자는 정확한 가치평가보다 추상적인 기대에 의존하는 경향이 좀 있어. 새로운 산업, 앞으로 크게 발전할 것 같은 분야의 기업에 대해서는 현재 이익과 비교해 주가가 많이 높아도 '앞으로 이익이 크게 성장할 거니까'라고 너그럽게 생각하는 거지.

현재 이익에 비해 기대감이 너무 커지면 주가에 거품(버블)이 끼게 돼. 기업의 가치보다 현재의 주가가 높으면 이 차이만큼 주가에 거품이 낀 거야. 주가가 언젠가는 기업가치 수준으로 조정된다고 보면 기업가치보다 높은 주가는 언젠가 떨어지고 말 거품이라는 거지.

1990년대 말에 발생한 이른바 닷컴.com 버블이 대표적이야.

사람들은 이전에 경험하지 못한 인터넷이 등장하면서 사상 처음으로 인터넷으로 책을 사고 물품을 교환하고 신문을 읽으니까 '이제 오프라인 기업은 다 망하고 인터넷 기업이 모든 거래를 다 장악하겠구나'라고 생각했어. 그래서 그냥 웹페이지 하나 있는 작은 인터넷 상거래기업 하나가 세계 최대의 할인점업체인 월마트 수준의 돈을 벌어들일 거라고 기대를 한 거야. 그러니 이 인터넷 기업이 '당장 1원도 이익을 못 낸다 한들 무슨 상관이야' 하는 생각을 하면서 PER이 100이 돼도 오케이하며 투자한 거지. 미국 증시의 PER은 역사적으로 15 정도인데 말이야.

결국 대부분의 인터넷 기업은 망하고 아마존을 비롯해 소수만 살아남았어. 물론 아마존은 월마트를 위협할 정도로 커졌지만 말이야.

엄마가 말하고 싶은 건 성장주 투자는 버블에 휩싸일 위험이 크다는 거야. 증시 격언 중에 "대중과 반대로 가라"는 게 있어. 사람들이 주식에 열광할 때 팔고, 공포에 휩싸여 주식을 팔 때 사라는 뜻이야.

사람들이 주식에 열광할 때는 주가가 비쌀 테니 팔고, 사람들이 두려워 팔 때는 주가가 쌀 테니 사야 성공한다는 거지. 그런데 성장주 투자는 사람들이 환호하는 주식을 사는 것이라 이 격언과 반대로 하는 셈이야.

말을 하다 보니 가치주는 찾기 힘들고 유동성이 떨어져 안 되고, 성장주는 버블 위험이 있어서 안 되고, 다 안 된다는 얘기가 됐네? 무슨 종목을 살지 말만 해주지 너무 짜증난다고? 알았어. 이제 핵심으로 들어가자.

좋은 기업이란
어떤 기업일까?

· · ·

증시에서 좋은 기업이란 주가가 장기적으로 올라가는 기업이야. 이런 기업은 미래 유망산업의 1등기업이거나 새로운 시장을 만들거나 기존 시장을 대체하며 실적이 늘어나는 기업이야.

"주식시장은 미인대회와 같다."

존 메이너드 케인즈라는 경제학자가 한 말이야. 미인대회에서는 누가 우승하니? 심사위원들에게 가장 많은 지지를 받는 사람이겠지? 네가 좋아하는 사람이 아니고. 물론 네가 좋아하는 참가자와 심사위원 다수가 뽑은 참가자가 같은 사람일 수도 있지만 말이야.

케인즈는 주식시장도 마찬가지라는 거야. 네가 좋아하는 주식이 오르는 게 아니라는 거야. 투자자들이 가장 많이 좋아하는 주식이 오르는 거지. 그런데 투자자들이 가장 좋아하는 주식이 뭘까? 대개는 가치주가 아니라 성장주야. 그러니까 사람들이 몰려 버블도 생기는 거야.

실제로 증시가 오를 때 상승을 주도하는 종목을 보면 거의 언제나 성장주더라고. 그래서 증시의 상승 자체가 성장에 대한 기대감의 반영이 아닐까 하는 생각이 들어.

결국 주식시장에서 투자하기 좋은 기업은 성장기업이야. 버블에 올라탔다가 쫄딱 망하면 어떻게 하냐고? 그 얘긴 나중에 하고 우선 어떤 성장기업에 투자해야 할지 살펴보자. 성장하는 기업, 다시 말해서 실적이 늘어나는 기업은 많으니까.

첫째는 미래 유망산업에 속한 1등기업이야. 발전하는 산업이어야 성장성이 크거든. 지금 이익을 많이 내는 우량한 기업이라도 시장이 성장하지 않는다면 앞으로 이익이 늘어나는 데 한계가 있어.

예를 들어 KB국민은행의 지주사인 KB금융을 보자. KB금융은 안정적으로 이익이 꾸준히 느는 좋은 기업이야. 그런데 2010년에 투자해 지금까지 갖고 있었다면 어떻게 됐을까? 10년이 지난 2020년 5월까지 KB금융의 시가총액은 38%가량 줄어든 상태야. 10년 전에 투자해 쭉 갖고 있었다면 30% 이상 손실을 봤다는 의미지.

주가 하락의 가장 큰 원인은 은행이 안정적이긴 하지만 크게 성장할 것으로 기대되지는 않는다는 거야. 게다가 금리가 계속 떨어지니 수익을 늘리기는 점점 더 어려워졌고. 금리가 떨어지면 일반적으로 예대마진이 줄어들거든. 예대마진은 은행이 돈을 빌려주고 받는 대출이자와 사람들에게 예금을 받고 주는 예금이자의 차이로, 은행의 주 수입원이야.

반면 네이버를 보면 코로나19로 사람과 접촉하지 않고도 소통하고 거래하는 언택트^{untact}가 주목받으면서 2020년 3월 이후 주가가 폭등했지. 하지만 그 이전 주가를 봐도 중간에 등락은 있었지만 주가 그래프가 오른쪽으로 올라가는 모습을 보여. 이렇게 장기적으로 우상향하는 기업에 투자하려면 미래 유망산업에 속해 있어야 한다는 거지.

미래 유망산업에도 여러 기업이 있을 텐데, 반드시 1등기업에 투자해야 해. 가장 대표적인 기업에 투자하라는 거야. 1등기업은 이미 신시장에서 시장점유율을 확고하게 차지해 규모의 경제에서 경쟁업체를 앞서가고 있는 기업이야.

초기 단계의 산업이라면 투자가 많이 필요한데 그에 비해 이익은 미미한 경우가 많아. 이 과정에서 도태되는 기업이 생길 수도 있지. 그런 경우 시장이 사라지지 않는 한 대개 1등기업은 살아남아. 닷컴버블 때도 1등 전자상거래 기업이었던 아마존은 살아남았지.

유망산업에서 살아남은 기업은 폭발적인 성장세로 투자자들에게 엄청난 부를 가져다줘. 요즘은 1등이 거의 모든 것을 갖는 승자독식의 시대이기 때문에 성장하는 1등기업의 투자 수익률은 어마어마하지.

둘째, 미래 유망산업은 아닌데 전 세계적으로 없던 시장을 새로 만들어내거나 기존 시장을 대체하는 기업이 있다면 투자해. 성장기업이 꼭 첨단기술기업일 필요는 없다는 얘기야.

워런 버핏에게 엄청난 수익률을 안겨줬던 코카콜라가 이런 기업이었어. 음료는 미래 유망산업이라고 할 수는 없잖아? 하지만 코카콜라는 콜라라는 기존에 없던 음료로 새로운 시장을 만들어 수십 년간 고성장을 누렸어.

할인점인 월마트도 높은 성장세로 버핏을 부자로 만들어준 기업이야. 그런데 월마트가 할인점을 시작했을 때는 이미 다른 할인점이 많았어. 그렇다면 월마트는 어디에서 성장성을 찾은 걸까? 그건 바로 틈새시장이야.

기존 할인점들은 다 대도시에 자리 잡고 있었지. 반면 월마트는 중소형 도시를 공략했어. 중소형 도시의 유통채널을 할인점으로 대체했다고도 할 수 있고, 중소형 도시에 할인점 시장을 새로 만들었다고도 할 수 있지.

기존 산업이라도 코카콜라나 월마트처럼 새로운 수요를 창출하거나 기존 시장을 대체한다면 이익이 큰 폭으로 늘어나게 되니 성장주인 거지. 스타벅스도 기존에 없던 커피 전문점으로 매장을 전 세계적으로 늘리면서 폭발적인 성장세를 보였고 말이야.

성장주에 투자할 때 주의할 점이 있어. 아직 이익을 못 내고 있다고 해도 매출은 의미 있는 수준으로 늘어나는 기업이어야 해. 매출이 늘어나야 언젠가 손익분기점을 넘어 이익을 낼 수 있어. 매출 증가율은 그 시장이 실제로 커가고 있다는 확고한 증거야.

이런 증거 없이 그냥 '유망산업이니까' '새로운 시장을 만들어갈 테니까' 같은 막연한 기대감으로 투자해선 절대 안 돼. 이건 너무 위험하고 무모한 일이야. 어떤 기업이든 투자하기 전에 3년 치 재무제표를 살펴보는 건 주식 투자의 기본이라는 걸 잊지 마.

산업이 초기 성장단계를 지나면서 기업이 이익을 내고 있다면 매출액 증가율과 함께 이익 증가율을 봐야 해. 이익이 주가 상승세를 정당화해줄 만큼 빠르게 늘고 있는지 확인이 필요하거든. 이익 증가율이 둔화되면 주가 상승세에 제동이 걸릴 수 있으니 항상 촉각을 곤두세우고 주목해야 해.

성장기업은 어떻게 찾을 수 있을까? 간단해. 네가 새로 이용하게 됐거나 주변 사람들이 부쩍 많이 쓴다고 말하는 제품이나 서비스, 이전엔 보이지 않았는데 최근 눈에 띄는 매장, 그런 기업이 성장하는 기업이야.

미래의 변화에 관심을 갖고 공부하는 것도 필요해. 어떤 시장이 새로 생길까, 어떤 수요가 늘어날까, 이런 지식이 있어야 성장할 기업이 눈에 보이는 거니까.

하지만 꿈같은 미래, 너무 앞선 미래를 상상하고 투자하진 마. 너무 앞서 투자했다가 네 상상대로 그 기업의 미래가 펼쳐지지 않으면 손해를 볼 수 있으니까 말이야.

그래서 엄마가 추천하는 방법은 새로 부각된 제품이나 서비스가 있다면 이게 미래의 변화와 어떤 관계가 있는지, 앞으로 수요가 얼마나 늘어날지 조사해보고 전망해보고 그 기업의 재무제표를 살펴본 뒤 투자를 결정하는 거야.

주가 예측은 하지 마, 타이밍은 소용없어

· · ·

주식은 쌀 때 사라고 하지만, 싼 지 아니면 비싼 지 판단하기가 어려워. 특히 성장주는 미래 이익을 기대하며 투자하는 거라 더 그렇지. 그러니 좋은 기업이면 적금하듯 매달 꾸준히 투자해.

성장주가 증시 상승을 주도하지만, 문제는 성장주에 투자할 때 버블이 걱정된다는 점이야. 이 기업이 빠르게 성장하는 건 맞는데 주가가 실제 가치보다 과도하게 높은 건 아닌지, 주가가 많이 올랐으니 너무 비싼 건 아닌지, 이런 고민이 생긴다는 거지. 이 문제를 해결하는 방법으로 워런 버핏을 비롯한 많은 주식의 대가들은 "쌀 때 사라"고 해.

쌀 때 사는 것, 바로 이게 가치투자야. 엄마는 가치주 투자와 가치투자는 좀 구분해야 한다고 생각하는데, 가치주 투자는 앞에서 설명했듯이 기업이 가진 가치에 비해 주가가 낮은 주식을 찾아 투자하는 거야. 통상 가치주에서 말하는 가치는 증명된 가치, 확실한 가치야. 다시 말해 과거 이익과 눈에 보이는 자산의 가치인 거지.

반면 가치투자는 기업의 가치에 비해 주가가 낮아졌을 때, 즉 주가가 싸졌을 때 투자하는 거야. 가치주 투자는 주가가 싼 '기업'에, 가치투자는 주가가 싸졌을 '때' 투자하는 거지.

그게 그거 같지만 차이가 좀 있어. 성장주는 이익 성장률이 빠를 것이라는 기대가 있기 때문에 거의 언제나 증명된 이익, 즉 과거 이익에 비해 주가가 높아. 이 때문에 성장주는 가치주가 될 수 없어.

하지만 성장주에 가치투자를 할 수는 있어. 첫째는 증시가 충격으로 폭락할 때야. 우리나라의 외환위기나 미국에서 발생한 금융위기, 코로나19 대확산에 따른 불안감 등으로 증시가 전반적으로 추락할 때는 성장주도 함께 급락해.

물론 이때도 성장주는 과거 이익에 비해 주가가 싸다고 할 만큼 주가가 떨어지지 않는 경우가 많아. 증시 폭락기에도 성장주는 가치주가 되지 않을 수 있다는 얘기야. 다만 버블은 어느 정도 걷히지. 이럴 때, 즉 증시가 폭락하고 사람들이 무서워서 주식을 못 살 때 주가가 급락한 좋은 주식을 사는 것이 가치투자라고 할 수 있어.

둘째는 성장하는 기업의 미래가치가 아직 주가에 다 반영되지 않았을 때, 기업의 성장세가 주가 상승세를 앞지를 때 투자하는 거야. 이때는 주가가 올라도 기업이 그보다 더 빨리 성장하기 때문에 주가가 추가 상승할 여지가 있는 거지. 이것도 미래가치에 비해 주가가 저평가된 성장주에 투자한다는 점에서 가치투자라 할 수 있어.

그러니까 가치투자에서 말하는 가치는 이미 증명된 가치뿐만 아니라 미래의 성장가치도 포함한다고 봐야 해. 그런데 여기에도 문제가 있어. 미래의 성장가치는 누구도 정확히 예측할 수 없다는 거야.

이건 가치투자의 최고 고수인 워런 버핏도 인정하는 거야. 그는 자신이 회장으로 있는 버크셔 해서웨이 주주들에게 보내는 편지에서 이렇게 밝힌 적이 있어.

"내재가치는 간단하게 정의할 수 있습니다. 기업이 잔여 수명 동안 창출하는 현금을 할인한 가치입니다. 그러나 내재가치를 계산하기는 쉽지 않습니다. 정의에서 드러나듯 내재가치는 정확한 숫자가 아니라 추정치이기 때문입니다. 게다가 이 추정치는 금리가 변동하거나 미래 현금흐름에 대한 예측이 바뀌면 추가적으로 수정돼야 합니다. 두 사람이 똑같은 일련의 사실을 보고도 최소한 조금은 다른 내재가치 추정치를 내놓습니다."

150

그러면 어떻게 주가가 그 기업에 내재된 가치(내재가치)보다 높은지 낮은지 판단할 수 있을까? 결론은 아무도 모른다는 거야. 이 말은 기업이 미래에 이익을 얼마나 많이 낼지 아무도 알 수 없고, 따라서 주가도 아무도 예측할 수 없다는 거야. 그냥 각자의 판단인 거야.

그래서 주식 고수들이 하는 "주가가 쌀 때 사라"는 조언은 좀 허망한 말이야. 예를 들면 최근 카카오의 주가가 연일 사상 최고가를 경신하며 오르고 있어. 이때 주가가 카카오의 내재가치보다 높은지 낮은지 정확히 판단할 수 있는 사람은 없어. 너무 많이 올라 비싼 것처럼 보이지만 1년 뒤에 돌아보면 그래도 싼 것이었을 수 있다는 거지.

이런 이유 때문에 엄마는 기업의 내재가치를 계산해서 투자한다는 것, 특히 직장에 다니면서 재테크로 주식 투자하는 사람들이 복잡한 방법으로 내재가치를 산출한다는 것에 대해 상당히 회의적이야.

주가가 폭락했을 때, 사람들이 두려워할 때 사는 것은 역사적으로 주식을 싸게 살 수 있는 기회였다는 것이 증명됐으니 이때 사는 전략은 좋아. 하지만 그런 폭락은 10년에 한두 번 정도밖에 안 와.

주가가 폭락할 때 주식을 사겠다고 기다리다간 결국 주가 상승을 모두 놓치고 말아. 미국의 증시 격언에 "고장 난 시계도 하루에 두 번은 맞는다"는 게 있어. 비관론자도 고장 난 시계처럼 계속 전망이 틀리다 어쩌다 한 번은 맞을 수 있다는 뜻이야. 증시 상승을 모두 못 맞추고 폭락만 기다리는 비관론자를 냉소적으로 비웃는 말이지.

"뉴욕 5번가에 사는 비관론자는 없다"는 증시 격언도 있어. 과거 뉴욕 5번가는 가장 큰 부자들이 사는 곳이었어. 비관론자들은 증시 상승의 기회를 다 놓치기 때문에 부자가 되기 어렵다는 거지. 결국 이 격언도 비관론자를 비아냥거리는 거야.

그래서 엄마가 권하는 방법은 주가가 어떻게 될지 그 누구도 알 수 없으니 좋은 기업이라고 생각하면 매달 꾸준하게 주식을 사서 모으라는 거야. 최적의 매수 타이밍을 맞추려 하지 말고 주가가 오르든 떨어지든 그냥 사. 좋은 기업이라면 주가가 단기적으로는 등락해도 장기간에 걸쳐서는 우상향하는 모습을 보일 테니 말이야.

물론 네가 실제로 주식 투자를 하다 보면 알겠지만 주식은 올라도 사기가 힘들고, 떨어져도 사기가 힘들어. 주가가 오르면 너무 비싼 거 같고, 떨어지면 더 떨어질 것 같거든. 그래서 좋은 기업이라면 주가를 보지 말고, 네가 오너라고 생각하면서 사라고 하고 싶어.

삼성전자의 이재용 부회장이라면 주가를 보고 삼성전자 주식을 사겠니? 주가보다 자기가 가진 주식 수에 더 관심이 많지 않겠니? 좋은 기업이라면 너도 주가가 아니라 주식 수에 초점을 맞춰 꾸준히 매수해나가는 것이 장기적으로 투자에 성공하는 길이라고 생각해.

좋은 기업을 샀으면 존버해

. . .

좋은 기업에 투자했다면 단기적으로 주가가 올랐다 떨어졌다 하는 건 무시하고
10년이든 20년이든 그냥 버텨. 성장하는 기업이라면 주가는 장기적으로 올라갈
수밖에 없으니까.

엄마가 주식 투자하면서 정말 후회하는 것이 있어. 2003년
네이버에 투자했다가 금세 판 거야. 그때 네이버가 7천~1만원 사
이였거든. 그게 지금 30만원을 넘어섰잖아(2020년 8월 현재). 정말
그 생각을 하면 눈물이 난다.

이건 평생 얘기하지 않으려 했는데 너한테 욕 들을 각오하고
고백하마. 내가 너 돌잔치 때 받은 돈이랑 세뱃돈이랑 해서 모은
돈 500만원으로 주식 투자를 했잖니. 그때가 중소형 보험사가 합
병하던 땐데 보험사에 투자했다가 900만원이 됐어.

그래서 잽싸게 팔아 차익을 실현한 뒤 이 돈으로 뭘 살까 살

퍼봤지. 그 즈음에 만난 어느 자산운용사 사장님이 네이버 실적이 아주 좋을 거라고 말해주는 거야. 그때 이미 네이버는 실적 기대감에 급등한 상태였어. 그 사장님은 네이버가 2003년 3분기 실적뿐만 아니라 앞으로 장기간 폭발적인 성장이 기대된다며 관심을 가져보라고 하더라고.

그 말을 듣고 네이버를 샀어. 3분기 실적은 사장님 말대로 정말 좋았지. 그런데 주가가 막 떨어지더라고. 증시 격언 중에 "소문에 사서 뉴스에 팔라"는 것이 있는데 꼭 그 꼴이었지. 기업에 뭔가 호재가 되는 소문이 돌면 기대감이 형성되면서 주가는 미리 오르고, 그 소문이 사실로 발표되면 차익 실현하려는 매물이 나와 떨어진다는 얘기야.

그때 엄마가 네이버를 9천원대에 샀을 거야. 그런데 주가가 오르기는커녕 한 달 남짓만에 7천원대까지 떨어지는 거야. 엄마는 한두 달 사이에 수익률이 −20%대를 기록하면서 200만원 가까이 손해를 봤지.

엄마는 그때 주식을 잘 몰랐어. 주식 투자에 대한 기사만 쓰다가 실제 투자는 처음 해본 거였거든. 손해가 나자 무섭더라고. 그래서 보험주 투자에서 얻은 이익이 다 날아갈까봐 팔아버렸지. 그러고선 오랫동안 주식엔 눈도 돌리지 않았어.

지금 네이버 주가를 보니 그때 팔지 않고 매월 50만원씩이라도 꾸준히 사 모았으면 어땠을까 후회막심이다. 아니, 더 사지 않고 9천원대에 샀던 네이버 주식 900만원어치를 그대로만 뒀어도 3억원이 넘었을 거 아니니.

하지만 2003년엔 그 생각을 못했어. 네이버는 2002년 11월에 상장했는데 그때 주가가 1,865원이었어. 엄마가 네이버 주식을 샀던 2003년 중반에 9천원이었으니 1년도 안 돼 4배 이상 오른 거야. 그러니 실적 성장세가 좋긴 하지만 주가가 고평가됐다느니, 버블이니 말이 많았지.

네이버가 하는 포털 사이트는 신사업이라 미래 성장성이 어마어마한데, 이걸 예측할 수 없으니 당시의 시각으로 이익에 비해 주가가 높다느니 하면서 평가 절하한 거야. 네이버 같은 성장산업의 1등기업은 그냥 사서 묻어둬야 하는데 말이야.

성장주는 과거 주가를 생각하면 살 수가 없어. 너무 오른 거 같거든. 하지만 진짜 좋은 성장주는 언제라도 사서 묻어두면 중간에 급락할 때도 있지만 장기적으로 올라가.

네이버는 그로부터 몇 년이 지난 2007년 10월에 9만 4천원을 넘어섰어. 엄마가 2003년에 팔지 않았으면 4년 만에 10배의 수익을 거둘 수 있었던 거지.

그런데 그때가 고점이었어. 네이버는 그 이후 쭉 미끄럼을 타다가 글로벌 금융위기 때인 2008년 11월에 2만 7천원대로 추락해. 2007년 10월에 네이버를 9만 4천원에 산 사람은 1년 남짓 만에 70% 손실이 난거지. 네이버는 2013년 4월이 돼야 9만 4천원 대를 넘어서게 돼. 2007년 고점에 산 사람은 6년을 기다려서 간신히 원금을 회복하게 된 거야.

하지만 6년을 기다려 원금을 회복한 사람은 거의 없을 걸? 투자에서 가장 어려운 것이 인내라서 말이야. 원금 회복을 기다리는 것도 어렵지만 그보다 더 어려운 게 원금을 회복한 뒤에 팔지 않는 거야. 손해를 봤다가 원금을 회복하면 주가가 또 떨어져 다시 손실이 날까봐 불안해지거든. 그래서 원금이나 건지자는 생각으로 팔게 되지.

성장주 투자에서 이게 또 큰 실책이야. 네이버는 9만 4천원 대인 전고점을 넘어선 지 한 달 만인 2013년 5월에 10만원을 돌파하고, 2017년 6월엔 19만원을 넘어서지. 그리고 2020년 5월에 24만원대로 올라서. 물론 이 기간 동안에도 2015년 9월에 9만원대로 떨어졌다가 2017년 6월에 19만원으로 오르고, 2018년 5월에는 다시 10만원대로 급락하면서 주가는 롤러코스트를 탔어.

하지만 좋은 기업에 투자한 뒤 이런 주가 등락을 무시하고 10년이고 20년이고 인내하면서 꾸준히 주식을 사 모은다면 네 자산은 크게 불어날 거야. 결국 2007년 10월 9만 4천원 고점에 샀던 사람도, 2017년 6월 19만원 고점에 샀던 사람도 중간에 주가가 급락하면서 고생은 했지만 결국 큰 수익을 내잖아?

그래서 엄마가 하고 싶은 말은 이거야. 좋은 주식에 투자했으면 그냥 존나게 버텨. 이 말을 앞에서 소개한 위대한 펀드매니저 피터 린치는 이렇게 표현했어.

"뛰어난 기업의 주식을 보유하고 있다면 시간은 당신 편이다. 당신은 인내심을 갖고 기다려도 좋다."

좋은 기업을 쌀 때 사면 좋지. 하지만 10년에 한 번 정도 오는 대폭락 때를 제외하고는 성장주는 이게 싼 건지 비싼 건지 잘 몰라. 그러니 다시 강조하지만 매달 꾸준히 좋은 주식을 사서 모으며 그냥 버텨. 그러면 10년, 20년, 30년 후 너는 부자가 되어 있을 거야.

좋은 기업도
팔아야 할 때가 있어

. . .

영원히 좋은 기업은 없어. 매출액 증가율이 떨어지거나 1등 지위가 흔들리거나
CEO가 바뀌었거나 경쟁기업이 많아졌다면 유심히 살펴보는 게 좋아. 투자자가
너무 몰릴 때도 조심해야 해.

좋은 기업의 주식은 샀으면 오래 보유하라고 했지만 무조건 장기 보유가 답은 아니야. 오래 보유했다가 오히려 망하는 경우도 있어. 100년 가는 기업이 드물다고 하잖아.

우량기업도 내부 경영의 문제나 환경의 변화로 쇠락하는 일은 일상적으로 일어나. 좋은 기업이 영원이 좋은 기업일 수는 없으니 안 좋은 기업으로 바뀔 때는 팔아야 한다는 거지.

그럼 좋은 기업이 안 좋은 기업으로 바뀌고 있는지는 어떻게 알 수 있을까? 다음과 같은 신호가 나타난다면 경고음이 울린 것으로 보고 주의를 기울이는 것이 좋아.

첫째, 성장성이 떨어졌을 때야. 매출 증가율이 둔화되면 성장이 한계에 도달한 것인지 살펴볼 필요가 있어. 지금은 매출 증가세가 주춤하지만 새로운 시장을 개척해 또 다시 매출이 성장가도를 달릴 수 있는지도 함께 알아봐야 해. 예를 들어 국내 시장에선 더 이상 수요가 늘어나기 어려워 보이지만 해외에 진출해 시장을 넓힐 수 있는지 분석해봐야 한다는 거지.

기업의 성장성을 판단할 때 이익 증가율은 그리 중요하지 않아. 매출이 늘지 않아도 비용을 절감해 이익은 늘릴 수 있거든. 하지만 비용 절감을 통해 마진폭을 확대해서 늘릴 수 있는 이익은 한계가 있어. 결국은 매출이 늘어야 이익도 성장해 주가가 올라가는 거니까 이익 성장세에 너무 마음을 뺏기지 말라는 말이야.

매출 증가율이 둔화된다고 주식을 금방 팔라는 얘기는 아니야. 왜냐하면 성장성이 떨어질 때 돈이 많은 기업은 자사주를 매입하거나 배당을 늘려 주가를 끌어올리려 시도하는 경우가 있거든. 이런 주주 친화적 정책으로 주가가 더 올라갈 수도 있어.

기업이 새로운 분야에 투자해 새로운 성장성을 확보할 수도 있어. 아마존은 전자상거래 기업이지만 클라우드 컴퓨터에 투자해 또 다른 성장동력을 얻었고, 마이크로소프트MS도 정체된 운영체제OS 시장에서 눈을 돌려 클라우드 컴퓨터에서 새로운 성장성을 찾고 있으니 말이야.

둘째, 네가 투자한 기업이 2등으로 추락하면 이때는 매도를 심각하게 고려할 필요가 있어. 주식을 살 때 1등기업을 사라고 했지? 그런데 1등 지위가 흔들린다면 매수했던 근거가 흔들리는 것이니 계속 보유하고 있을 필요가 없는 거지.

예를 들어 바이오 산업의 1등기업에 네가 투자했는데 이 기업이 2등으로 추락할 것 같다면 이 기업을 팔고 차라리 바이오 산업에서 1등기업을 위협하며 치고 올라오는 기업으로 바꿔 타는 게 나을 수 있다는 거야.

통상 어떤 산업의 1등기업은 시가총액 순위도 1등이야. 그런 기업의 1등 지위가 흔들린다면 산업 내에서 그 기업의 경쟁우위가 약화되고 있다는 뜻이고, 그 기업의 성장성에 대해 투자자들이 의심을 하고 있다는 의미니까 경계할 필요가 있어.

셋째, 최고경영자CEO가 바뀔 때는 기업 경영이 어떻게 변하는지 지켜볼 필요가 있어. CEO는 기업의 운명을 좌우할 정도로 중요해. 애플의 CEO가 창업자인 스티브 잡스에서 팀 쿡으로 바뀔 때 투자자들이 불안한 심정으로 애플의 실적을 주시한 것도 이런 이유 때문이야.

그래서 'CEO 리스크'란 말이 있을 정도야. 문제는 CEO 리스크는 미리 대응하기 어렵다는 점이야. 그냥 지켜보고 판단할 수밖에 없어. 그래서 워런 버핏은 "바보라도 경영할 수 있는 탁월

한 사업모델을 가진 기업에 투자하고 싶다. 어떤 기업이든 언젠가 바보가 경영할 수 있으니까"라고 말했지. 사라지지 않을 산업 안에서 독점적 지위를 가진 기업처럼 누가 경영해도 실적이 크게 줄어들기 어려운 기업에 투자해 CEO 리스크를 피하고 싶다는 의미인 거지.

그런데 안타깝게도 성장산업엔 바보라도 경영할 수 있는 기업이 없어. 그러니 CEO가 바뀔 때는 새 CEO의 경영 스타일과 실적 추이를 주시하고 있다가 매도할지, 계속 보유할지를 결정할 수밖에 없어.

넷째, 경쟁기업이 너무 많아지면 매수를 중단하고 매도를 고려해볼 필요가 있어. 네가 투자한 기업과 경쟁하는 업체가 많아졌다면 위험신호라는 거야. 가장 좋은 시장은 한 기업이 사실상 독점하는 구조야. 이런 시장에서는 시장이 성장하는 만큼 기업의 이익이 늘어나지. 하지만 이런 시장은 전기나 수도 같이 공공의 생존과 직결되기 때문에 정부가 규제하는 시장이 많아. 정부가 규제하는 산업에는 가능한 투자하지 마. 규제는 예측할 수 없으니까.

다만 초기산업의 경우 독보적인 기술력을 가지고 있는 기업 하나가 사실상 독점하는 모습을 보일 수 있어. 예를 들어 초기 스마트폰시장은 삼성전자가 나타나기 전까지 애플이 독주하는 체제였지. 그러다 시장이 커지면 다른 기업들이 뛰어들면서 경쟁이 치열해지기 시작해.

두드러진 1등과 나머지 2개 기업이 시장을 나눠 갖고 있는 삼두체제까지는 괜찮아. 하지만 1등의 시장 장악력이 약화되는 가운데 경쟁하는 업체가 늘어나고 있다면 그 산업에서는 떠날 것을 생각해보는 것이 좋아. 경쟁이 많은 곳에선 기업이 얻을 수 있는 이익이 줄기 마련이거든.

다섯째, 투자자들의 경쟁이 심해질 때도 떠날 것을 진지하게 생각해보는 것이 좋아. 예를 들어 지금 전 세계 전기차시장은 테슬라의 사실상 독주체제로 보이잖아? 그런데 투자자들이 개미들처럼 모여들면서 주가가 치솟았지.

테슬라는 PER 같은 밸류에이션이 무의미할 정도로 주가가 폭등한 상태야. 물론 테슬라 주가는 더 올라갈 수도 있어. 투자자들이 계속 모여드니까. 하지만 너무 위험한 것도 사실이지. 투자자들 간의 경쟁이 너무 심해져 주가의 밸류에이션을 논하기 힘들 정도라면 주가가 계속 오르고 있더라도 조심하는 게 좋아.

물론 테슬라에 투자해선 안 된다는 의미는 아니야. 테슬라란 기업의 본질을 생각해보고 주가를 살펴봐야지. 다만 투자자들 간의 경쟁이 심할 때는 경계를 해야 한다는 의미야.

좋은 기업이지만 주식 매도를 고민해야 할 때는 지금까지 설명한 딱 다섯 가지만 기억해. 즉 매출 증가율이 떨어질 때, 1등 지위가 흔들릴 때, CEO가 바뀔 때, 경쟁업체가 많아졌을 때, 투자 경쟁이 심해졌을 때, 이런 때는 기업의 본질을 주의 깊게 잘 살펴봐야 해.

이외에 좋은 기업이지만 네가 너무 비쌀 때 매수를 시작한 경우가 있을 수 있는데, 이건 손절매에 대해 설명할 때 이야기하는 게 좋을 것 같아.

박스권 매매는 하지 마

• • •

가격이 얼마만큼 떨어지면 바닥권이니 사고, 가격이 얼마만큼 오르면 고점이니
판다는 식의 박스권 투자는 하지 마. 가격 예측은 신의 영역이야. 주가보다는
기업의 본질에 주목해.

주가 차트를 보면 박스권이 보일 때가 있어. 예를 들면 어떤
기업의 주가를 보니 1만원이 깨지면 더 내려가지 않고 반등하고
1만 5천원 정도가 되면 더 올라가지 못하고 다시 내려오는 흐름
이 보이는 거지.

이게 오랫동안 반복됐다고 해봐. 그럼 이런 유혹이 생겨. '1만
원이 깨졌을 때 샀다가 1만 5천원 즈음해 팔면 50% 수익을 올릴
수 있겠구나' 하는 생각이지.

그런데 이게 큰 착각이란다. 엄마 인생 최대의 투자 실수가
이런 박스권 매매였어. 미국 서부 텍사스산 원유^WI라는 게 있는

데, WTI에 투자하는 ETF를 샀다가 생애 최대 손실을 기록하고 팔았거든.

사연을 설명하자면 이래. 어느 날 유가가 많이 떨어졌다는 뉴스를 보고 유가 흐름을 보니 3년간 50~65달러 박스권을 왔다 갔다 한 거야. 그래서 WTI 가격이 50달러가 깨졌을 때 ETF를 샀지. 조금 있으니 유가가 55달러를 넘어서더라. 그래서 냉큼 팔아 수익을 냈지. 엄마가 새가슴이라 60달러 넘을 때까지 기다리질 못하겠더라고. 그래서 10% 수익만 얻자고 한 거야.

이게 한번 성공하니 자신감이 생기더라고. 그래서 50달러가 다시 깨졌을 때 금액을 늘려 또 투자했지. 그런데 이게 웬일이니? 코로나19가 확 퍼지면서 유가가 40달러, 30달러, 20달러… 막 깨지는 거야. 엄만 완전 멘붕이 됐고, 유가가 조금 반등할 때 너무 불안해서 그냥 손절매해버렸어.

유가가 얼마일 때 팔았냐고? 그게 기억이 가물가물한데 30달러도 안 됐을 때야. 엄청 손해를 많이 봤지. 그게 좋은 기업에 투자했다면 가격이 오르길 기다릴 수 있었겠지만 유가다 보니 그럴 수가 없었어.

유가는 원유의 수요와 공급에 따라 결정되는데 원유 수요가 어떻게 될지, 공급은 어떻게 될지 전망을 할 수가 없더라고. 예를 들어 산유국들이 원유 생산을 줄이자고 합의할지, 안 할지 어떻게 아냐고. 가격을 예측하는 것은 점을 치는 거나 마찬가지라는 사실을 깨달았지.

게다가 롤오버 비용 때문에 더 기다리는 게 의미가 없겠다는 생각이 들었어. 롤오버라는 개념이 좀 어려운 내용인데, 너도 알고 있는 게 좋으니 간단히 설명할게.

원유나 금, 농산물 같은 상품은 주로 선물로 거래돼. 선물은 지금 거래해놓고 물건과 돈은 나중에 주고받는 거야. 예를 들어 지금 원유를 1만원에 팔기로 계약하고 원유는 이달 말일에 넘기는 식이지. 이 1만원은 선물가격이 되고, 원유를 넘기기로 한 이달 말일은 이 거래의 만기가 되는 거야. 이달 말일이면 이 거래는 끝나고 다시 새로운 원유가 거래돼.

원유에 투자한다는 것은 이 선물거래에 투자한다는 거야. 이 말은 매달 선물거래의 만기가 돌아온다는 뜻이지. 이 때문에 원유에 투자하는 상품은 매월 투자하는 선물을 다음 번 만기의 선물로 교체(롤오버)해줘야 해.

문제는 6월말 만기가 돌아오는 6월물 원유 가격보다 7월물 원유 가격이 오르면 두 가격 차이만큼 비용이 발생한다는 거야. 예를 들어 6월물은 100계약을 갖고 있는데 7월물은 가격이 더 올랐으니 90계약밖에 교체하지 못하는 거지.

결과적으로 원유에 투자하는 상품은 유가가 올라도 롤오버 비용 때문에 유가 상승폭만큼 이익이 남지가 않아. 롤오버 비용은 유가가 오르는 한 매달 발생하기 때문에 원유는 장기 투자가 어울리지 않는 거야.

롤오버 비용은 원유가 유독 비싸다고 하는데, 선물에 투자하는 상품에는 다 있으니 되도록 피하는 것이 좋아. 특히 가격에 투자하는 것은 대개 다 이런 선물 상품이야. 그러니 "금값이 오른다, 은값이 오른다"는 얘기가 들린다고 금이나 은 선물에 투자하는 상품에 덥석 돈을 넣지 말아야 해.

박스권 매매에 대해 얘기하다가 다른 곳으로 샜는데, 박스권 매매를 하지 말라는 건 박스권 밑이 뚫려 큰 손실을 볼 수 있기 때문만은 아니야. 박스권이 위로 뚫려 큰 수익을 얻을 수 있는 기회도 놓칠 수 있기 때문이야.

원유든 기업이든 투자하는 대상의 본질이 바뀌면 박스권은 밑으로나 위로나 언제든 뚫릴 수 있어. 문제는 박스권 매매를 하면 투자하는 대상의 본질은 안 보고 가격만 보니 이런 패러다임의 변화를 파악할 수가 없다는 거야. 주가가 아니라 기업을 보라는 것도 이런 이유 때문이야. 박스권 매매는 그야말로 가격만 보고 샀다 팔았다 하는 투자잖아.

투자 전문가 중에는 목표 수익률을 정해놓고 투자하라는 사람도 있어. 말하자면 이 주식에 투자해 10% 수익이 나면 팔고 차익을 현실화한다, 이런 걸 정해놓으라는 거야. 주가가 다시 떨어질 수 있으니 10% 정도 오르면 팔고 다시 투자하라는 거야.

하지만 실제로 투자를 해보면 이건 정말 말도 안 되는 소리야. 왜냐하면 네가 생각하는 그 주가가 영원히 오지 않을 수도 있고, 그 주가에 도달해서 팔았는데 주가가 미친 듯이 급등해 엄청난 수익의 기회를 놓쳐 버릴 수도 있거든.

예를 들어 투자한 기업의 주가가 10년간 10%도 안 오르고 그냥 제자리라면 그걸 그냥 계속 갖고 있어야 하니? 주가가 10% 올랐는데 이익이 더 늘어나고 있다면 그 좋은 주식을 목표 수익률에 도달했다고 팔아야 하니?

결국 박스권 매매나 목표 수익률을 정해놓고 투자하는 거나 모두 다 가격에 연연하는 투자야. 그런 가격 투자는 아예 하지 말라는 거야.

이런 상황도 생각해볼 수 있지. 코로나19 충격을 받아 항공 수요가 급감하면서 항공주가 급락했잖아? 그런데 '비행기를 안 타고 살 수는 없으니까 언젠가는 주가가 오르겠지' 하고 항공주를 사는 사람들이 있어. 주가가 너무 싸니까 차익을 올릴 수 있을 거라고 믿는 거야.

하지만 이때도 주가만 보고 투자하진 마. 일단 네가 산 그 주가가 바닥이 아닐 수 있고, 바닥에 잘 샀지만 생각한 것만큼 주가가 반등하지 않을 수도 있고, 네 기대만큼 주가가 올라와 팔았는데 더 많이 오를 수도 있어.

그래서 항공주가 너무 싸서 투자하려고 할 때도 좋은 기업인지 판단해봐야 해. 그래야 주가가 더 떨어져도 인내할 수 있고, 주가가 오를 때 너무 일찍 파는 실수를 피할 수 있어. 물론 쌀 때 샀다가 좀 오르면 팔고 해서 차익을 조금씩 누적해갈 수도 있지. 하지만 이런 투자는 엄마의 원유 ETF 투자처럼 큰 실패로 이어질 수 있어. 가격 예측은 신의 영역이니까.

이런 점에서 엄마는 네가 워런 버핏이 말한 "10년간 보유할 생각이 없는 주식이라면 단 10분도 보유하지 말라"는 원칙을 늘 기억했으면 좋겠어. "언제 얼마에 팔 것인가는 생각하지 않는다. 기업의 내재가치가 만족스러운 속도로 증가할 것으로 기대되는 한 영원히 보유할 수도 있다"는 버핏의 말 역시 가슴에 새겼으면 해.

아무리 싸도 장기 보유할 가치가 없는 기업이라면 관심을 갖지 마. 좋은 기업이라서 투자했다면 미리 언제 팔 것이라고 예단하지 마. 주가는 겉껍질이야. 주가 변화에 눈길을 주면 정작 중요한 주가 안의 본질적인 변화, 패러다임의 변화를 놓치게 되고 이런 투자는 실패로 이어지기 쉬워.

분산투자의
진짜 의미를 알아?

• • •

분산투자는 돈을 나눠 여러 자산에 투자하는 거야. 한 자산이 망해도 다른 자산에 투자한 돈은 건질 수 있게 돼. 하지만 너무 많이 분산하면 관리하기도 힘들고, 수익률도 만족스럽지 않게 돼.

거듭 말하지만 주식은 투자하다 보면 손실이 발생할 수 있어. 하지만 우리가 손해 보려고 주식 투자하는 건 아니잖니. 은행 예금금리보다는 더 높은 수익을 올리려고 하는 거지. 그러니까 최대한 손실을 피하면서 '금리+알파'의 수익률을 올릴 수 있는 방법을 찾는 게 중요하지 않겠니?

그 중 하나가 계속 강조해온 좋은 기업에 장기 투자하는 거야. 그리고 투자 전문가들이 추천하는 다른 하나가 돈을 분산해서 투자하는 거고.

분산투자의 개념은 간단해. 증시 격언 중에 "계란을 한 바구니에 담지 말라"는 것이 있는데 이게 분산투자를 해야 하는 이유야. 계란을 한 바구니에 담으면 바구니가 떨어질 경우 모든 계란이 깨지게 되잖아? 그런데 계란을 여러 바구니에 나눠 담으면 바구니 하나를 떨어뜨려도 다른 바구니의 계란은 안전하지.

돈이 바로 계란이야. 돈을 한 곳에 '몰빵'하면 그게 실패할 경우 모든 돈을 일시에 날리게 돼. 그러니까 돈을 나눠 여러 곳에 분산투자하라는 거지. 결국 분산투자란 리스크를 분산시킨다는 의미인 셈이지.

그러면 리스크를 분산시키기 위해서는 어떻게 투자를 해야할까? 아래에 소개하는 두 가지 방법이 다 필요해.

리스크를 분산시키는 두 가지 방법

우선 투자하는 자산의 종류를 다각화하는 거야. 주식과 채권, 금 등으로 투자자산을 다양하게 하는 거지. 자산군을 다각화하는 이유는 한 자산의 수익률이 저조할 때 다른 자산의 수익률이, 이 부진을 조금이라도 만회해줄 것을 기대하기 때문이야. 예를 들어 주식과 채권에 똑같은 금액을 투자했는데 주식에서 -10% 손실이 나고 채권에서 5% 수익이 났다면 전체 자산의 수익률은

-2.5%가 돼. 주식에 모든 돈을 투자했다면 -10% 손해가 났을 텐데 분산투자해서 손실을 줄인 거야.

그럼 넌 아마도 이렇게 생각하겠지. 처음부터 채권에 모두 다 투자했으면 5% 수익이 났을 텐데 아깝다고. 하지만 반대로 생각해봐. 수익률이 좋을 때는 주식이 채권을 크게 앞지르거든. 그러니까 주식에서 10% 수익이 나고, 채권에서 2% 수익이 날 수도 있는 거야.

언제, 어떤 자산의 수익이 더 좋을지 모르니 돈을 분산해 투자하는 거지. 중요한 건 이런 리스크 분산의 효과를 제대로 누리려면 수익률이 통상 반대로 가는 자산에 돈을 나눠 넣어야 한다는 거야.

쉽게 말하면 상황이 좋을 때 수익률이 좋은 자산과 경기가 어려울 때나 위기 때 선방할 수 있는 자산에 돈을 나눠 넣어야 한다는 뜻이야. 위기 때 그나마 선방할 수 있는 자산을 이른바 안전자산이라고 하는데 통상 채권과 금을 가리켜.

그런데 최근 코로나19로 금융시장이 요동치는 위기를 겪으면서 새로 드러난 사실이 있어. 앞에서도 설명했지만 위기가 닥치니 주식은 물론 채권과 금조차 가격이 떨어지더라는 거야. 위기 때 가격이 올라가는 안전한 자산은 달러밖에 없었던 거지. 위기 땐 즉각 쓸 수 있는 현금을 다들 확보하려 하고, 현금 중에서는 어디서나 쓸 수 있는 달러가 최고니까.

달러는 국제적으로 가장 많이 통용되는 통화야. 기업들은 해외에서 물건을 수입하면 달러로 결제하고, 사업을 하기 위해 달러로 돈도 빌려. 달러는 여러 용도로 필요하기 때문에 경제 상황이 어려워지면 기업들은 달러를 미리 확보하려고 주식이나 채권같이 쉽게 팔 수 있는 자산을 팔아 달러를 거둬들이거나 외환시장에서 달러를 사들이지.

그래서 엄마는 위기에 대비해 리스크를 분산하려는 목적이라면 다른 자산에 대한 분산투자는 필요 없고 안전자산으로 예금을 원화와 달러로 갖고 있는 것이 가장 낫다고 생각해. 예금은 금리가 쥐꼬리만 하지만 원금 손실 위험이 없고, 달러 예금은 위기 때 원화 가치 하락에 대비할 수 있는 수단이니까 말이야.

분산투자에 대해 얘기하는 김에 채권과 금 투자에 대해서도 정리를 하고 넘어가자. 우선 채권은 개인이 투자할 이유가 없다고 생각해. 채권에서 이익을 얻는 방법은 만기 때까지 갖고 있다가 이자를 받는 방법과 가격이 올랐을 때 팔아 차익을 얻는 방법, 이렇게 두 가지야.

그런데 채권에 투자해 이자를 받으려면 그냥 은행에 돈을 넣어두고 이자를 받는 게 낫고, 가격 상승에 따른 차익을 얻으려면 주식에 투자하는 게 나아. 채권 중에서 가장 안전한 국채는 어차피 이자율이 은행 예금금리 수준에 불과하고, 기업이 발행하는 회사채는 이자율이 예금금리보다 조금 더 높지만 회사가 망할 수도 있어. 원금 손실의 리스크가 주식만큼 큰 것은 아니지만 회사채도 있긴 있는 거야.

기업이 망할 위험이 클수록 회사채에 높은 금리를 지급하는데, 회사채를 발행할 정도의 기업이면 실제로 망하는 경우가 거의 없긴 해. 그래서 회사채 투자를 좋아하는 사람도 있어. 하지만 리스크는 리스크대로 있고, 수익률은 은행 예금금리보다 조금 더 높은 수준이라 엄마에겐 맞지 않더라고.

채권형 펀드에 투자해보니 주식형 펀드처럼 손실은 날 수 있는데 아무리 수익률이 좋아도 증시가 호황일 때 주식형 펀드는 못 따라가는, 아주 애매한 투자 상품이었거든. 그래서 리스크가 있다면 그냥 주식에 투자하라는 거야.

다음으로 금은 투자하는 목적이 결국 하나야. 달러 가치 하락에 따른 리스크를 피하려는 거지. 미국은 어려울 때마다 경제를 살리겠다고 달러 공급을 늘려왔어. 모든 가격은 수요와 공급이 결정한다는 건 알고 있지? 달러도 마찬가지야. 달러 공급이 늘면 달러가 너무 흔해지면서 가치가 떨어질 수 있어. 달러를 갖고 있는 것도 리스크가 있는 거지.

금에 투자하는 사람들은 이런 달러 가치 하락에 대처할 수 있는 투자 수단이 금이라고 생각해. 이유는 두 가지인데, 첫째는 금이 통화로 인정받을 수 있다는 거야. 왜냐하면 과거엔 금이 돈으로 쓰였고 미국 정부가 달러를 금으로 바꿔준다고 보장했던 시절도 있었거든. 물론 지금은 아니지만.

둘째로 금은 달러처럼 중앙은행이 마음대로 찍어낼 수가 없기 때문에 공급이 늘어 가치가 떨어질 일은 없다는 거야. 전 세계 금 매장량은 한정되어 있어서 무한정 금을 공급할 수는 없다는 거지.

그럼 금 투자는 할까, 말까? 엄마는 '안 한다'에 한 표. 금이 화폐로 통용되기는 어렵다고 판단하고 달러 가치 하락이 걱정된다면 굳이 금이 아니라 가치가 오를 만한 다른 자산에 투자해도 된다고 생각하거든. 금이 달러 가치 하락을 피하기 위한 최선의 선택은 아니라는 거지.

워런 버핏도 금 투자는 어리석다고 생각했어. 주식이나 채권은 가격이 올랐을 때 팔아 얻는 차익 외에도 보유하고 있는 동안 배당(주식)과 이자(채권)라는 이익이 생겨. 반면 금 투자에서 얻을 수 있는 이익은 가격이 올랐을 때 팔아 얻는 차익뿐이야. 누군가 내가 산 가격보다 더 높은 가격에 금을 사주지 않으면 수익을 거둘 수 없는 거야.

기업은 상품이나 서비스를 제공해 이익을 내고 땅은 농사를 지으면 농산물을 생산하는데, 금은 아무것도 산출해내지 않아. 그냥 공급량이 한정되어 있어서 가치 하락의 위험이 적으니 달러보다 더 안정적인 통화가 될 수 있다는 기대감뿐이야. 이런 기대감을 가진 사람이 많으면 금값이 오르고, 적으면 금값이 떨어지는 거지.

사람들이 금에 많이 투자할 것이라는 예측에 따라 투자하는 건데, 이런 가격에 대한 예측은 그냥 점치는 것과 마찬가지라고 누누이 얘기했지? 그러니 금이 투자할 만한 가치가 있다는 생각은 별로 안 드네.

설명하다 보니 얘기가 길어졌는데 이제 두 번째 분산투자로 넘어가자. 두 번째 분산투자는 한 자산군 내에서 투자 대상을 다각화하는 거야. 주식이라면 여러 종목에 나눠 투자하는 거지. 어떤 종목이 오를지 떨어질지 모르니까 분산하는 거야.

주식에서 분산투자는 지역별로도, 산업별로도 가능해. 지역별로는 한국과 미국, 중국 등 이런 식으로 서로 다른 지역의 주식에 분산해 투자하는 거야. 산업별로는 정보기술IT, 바이오, 금융, 자동차 등 서로 다른 산업의 주식에 분산해 투자하는 거고.

한국 증시는 부진한데 미국 증시가 호황이라 이익을 얻고, IT 주식은 하락하는데 바이오 주식이 올라 수익률을 떠받쳐주는 식의 효과를 기대하는 거지.

분산투자보다 1등 기업 5개에 집중투자하자

그런데 말이야, 리스크를 분산시킨다고 지역별, 산업별로 투자하는 종목 수를 늘리는 것이 바람직할까? 절대 그렇지 않아. 주식을 살 때 기본적으로 기업에 대한 이해가 필요하다고 했잖아? 그리고 투자한 뒤에는 기업이 어떻게 변해가고 있는지 꾸준히 관심을 갖고 살펴봐야 하고.

그런데 투자하는 종목 수가 너무 늘어나면 이해하고 관심을 가져야 할 기업이 너무 많아져. 전업 투자자도 아니고 직장 다니면서는 10개 기업도 제대로 이해하고 투자하기가 힘들어. 게다가 지역별, 산업별로 분산한다고 해봐. 한국과 미국, 중국 기업까지 공부하고 한 산업을 이해하기도 힘든 판에 여러 산업을 분석한다고? 정말 어려운 얘기야.

그래서 워런 버핏은 "자기가 투자하는 종목을 잘 이해하지 못할 때만 여러 종목에 광범위하게 투자하는 다각화가 필요하다"고 지적했지. 잘 모르니까 그냥 여러 종목에 분산해 투자한다는 거야.

성장주라는 개념을 처음으로 제시한 필립 피셔라는 투자자도 "어떤 투자자의 보유 종목 수가 너무 많다는 것은 그 투자자가 주도면밀하다는 의미가 아니라 자신에게 확신이 없다는 의미다"라고 말했어. 참고로 필립 피셔는 버핏이 자신의 스승이라고 꼽은 두 명 중 한 명이야. 한 명은 저평가 가치주 투자를 가르쳐준 벤자민 그레이엄이고, 한 명은 성장주 투자를 알려준 필립 피셔지.

여러 자산에 신경을 써야 한다는 점과 함께 분산투자의 또 다른 단점은 분산을 많이 할수록 수익률이 애매해진다는 거야. 리스크를 분산한다고 주식, 채권, 금, 예금 등 여러 자산에 투자하고 주식도 여러 종목에 투자했다고 해보자. 그러면 항상 뭐는 오르는데 뭐는 떨어지면서 서로 수익률이 상쇄돼.

큰 손실 위험은 줄지만 수익률도 낮아진다는 말이야. '하이 리스크, 하이 리턴'High Risk High Return이라고 리스크가 클수록 기대 수익도 커진다고 하잖아? 분산을 많이 해 리스크가 낮아질수록 기대 수익률이 떨어지는 건 당연한 거지.

문제는 고작 은행 예금금리보다 조금 높은 수준의 수익률을 올리려고 수많은 자산을 공부하며 분산투자를 하는 것이 맞냐는 거야. 들인 시간과 노력에 비해 가성비가 너무 떨어지는 게 아니냐는 거지. 차라리 시간도 노력도 들이지 않고 수익률은 포기한 채 100% 안전한 은행에 돈을 맡기는 게 가성비가 더 낫지 않겠니?

그래서 엄마는 분산투자로 리스크를 낮추려 노력하지 말고, 시간으로 리스크를 줄이라고 권하고 싶어. 분산은 일하면서 관리 가능한 수준으로 줄이고, 주가 변동의 위험은 장기간에 걸친 시간에 분산시켜 줄이라는 거지.

피터 린치는 "주식을 보유하는 것은 아이를 키우는 것과 같다. 잘 돌볼 수 있는 수준 이상으로는 보유하지 말라"고 조언하면서 보유하고 있을 종목 수를 구체적으로 제시했어. 다른 직업을 가지고 있으면서 주식 투자를 하는 것이라면 8~12개 기업을 꾸준히 추적하면서 분석하되 한 번에 5개가 넘는 종목에는 투자하지 말라는 거야. 그는 5개 종목이 잘 돌볼 수 있는 한도라고 본거지.

이 5개 종목을 지역별, 산업별로 나누는 것은 어떨까? 사실 지역별, 산업별로 분산투자하라는 것은 한 지역이나 한 산업에서 수익률이 저조할 때 다른 지역이나 산업은 좋을 수 있으니 조금 더 안정적인 수익률을 올릴 수 있다는 기대 때문이야.

하지만 이런 식으로 리스크 분산에 초점을 맞추다 보면 너무 많은 지역과 산업을 훑어보느라 정작 중요한 좋은 기업을 고르는데는 소홀해질 수 있어. 그러니까 그냥 세계에서 가장 좋은 기업 3개와 한국에서 가장 좋은 기업 2개를 골라 투자하는 것이 마음이 제일 편해.

이 5개 기업은 성장성이 좋은 기업들이니 장기적으로 투자 수익률이 좋을 것이고, 망할 위험도 적어 안정적일 테니 분산투자가 궁극적으로 노리는 리스크 분산을 통한 리스크 최소화를 충족한다고 할 수 있어.

그래서 결론은 크게 두 가지로 정리돼. 분산투자에 너무 연연하지 말라는 것과 분산투자는 5개 종목과 달러 예금, 원화 예금이면 충분하다는 거야.

좋은 주식을 샀다고 끝이 아니야. 그 주식을 더 사야 하는지, 팔아야 하는지, 다른 주식을 사야 하는지 결정해야 할 일이 계속해서 생기거든. 좋은 주식을 골랐다고 해도 그 주식을 언제 사고 언제 팔아야 하는지가 수익을 얻는 데 굉장히 중요해. 특히 주식을 사고 파는 데는 주식시장 변동에 따른 심리적인 요인이 많이 작용하기 때문에 원칙을 정해 대응하는 것이 필요해. 사람들이 산다고 따라 사고, 판다고 따라 팔아선 안 된다는 말이야. 여기에서는 주식은 언제 사고 언제 팔아야 하는지에 대해 살펴볼 거야.

4장

엄마,
이럴 땐 팔아,
더 사?

흥분하지 마, 대응 매뉴얼을 만들어

· · ·

주식 투자할 때 가장 주의해야 할 것이 감정에 휩쓸려 매매하는 거야. 그런데 의지로 감정을 다스리기는 힘드니 주식시장 상황별로 어떻게 행동할지 미리 글로 적어두는 것이 좋아.

주식 투자를 하다 보면 흥분할 일이 많아. 주가가 오르면 좋아서 흥분하고, 주가가 떨어지면 걱정돼서 흥분해.

흥분이란 건 어떤 감정이 북받쳐 올라오는 걸 말하는데 주식 투자엔 돈이 걸려 있다 보니 감정이 자주 북받쳐 오르더라고. 소중한 내 돈이 눈앞에서 왔다 갔다 하는데 흥분하지 않을 사람이 사실 어디 있겠니?

주가를 보면 감정이 격동하면서 더 살까 아니면 팔아버릴까, 이런 즉흥적인 생각이 하루에도 수십 번씩 올라와. 감정에 따라 올라오는 이런 즉흥적인 생각으로 투자를 하면 아마 하루에도 몇 번씩이나 주식을 사고팔아야 할 거야.

그래서 주식 투자에서 가장 경계해야 할 것이 이 북받쳐오르는 감정이야. 감정을 제어할 수 있느냐, 없느냐가 주식 투자의 성패를 가른다고 할 수 있어. 사실 주식 투자는 감정 게임이라고 해도 과언이 아니야.

엄마가 이런 결론을 내린 데는 다 이유가 있어. 투자 전문가들을 만나보고 투자 서적과 각종 보고서를 읽으며 쭉 살펴보니까, 주식 투자에 성공하려면 세 가지가 필요하더라고. 그런데 그중 두 가지가 감정에 관한 거야. 주식 투자에 성공하기 위한 세 가지 조건은 좋은 기업을 고르는 머리, 그 기업의 주식을 사고팔 수 있는 배짱, 좋은 기업의 주식에 투자해 최대의 수익률을 올릴 때까지 기다릴 수 있는 인내야.

이 중에서 머리는 뛰어날 필요까진 없고 그냥 보통 수준이면 돼. 워런 버핏도 "투자에서 성공은 아이큐IQ와 관련이 있지 않다"고 말했어. 보통 수준의 머리면 좋은 기업을 분석해 골라내기에 충분하다는 거지. 대부분의 사람들이 이런 정도의 머리는 갖고 있잖아?

결국 투자의 성패를 가르는 건 배짱과 인내야. 배짱과 인내는 두려움과 불안, 탐욕 같은 감정을 이겨내는 데 필요한 능력인데, 의외로 감정을 다스려 배짱을 부리고 인내할 수 있는 사람은 많지 않아. 실제로 피터 린치는 "누구나 시장에서 돈을 벌 수 있는 머리는 갖고 있지만 아무나 배짱을 갖고 있는 것은 아니다"라고 말했지.

버핏은 투자할 때 나타나는 대표적인 감정을 '욕망'이라고 보고, 이 욕망을 관리하는 능력을 '성품'이라고 표현했어. 그는 "만약 당신이 정상적인 지능을 가졌다면, 당신에게 필요한 것은 욕망을 통제하는 성품이다. 이 성품을 통제하지 못해 사람들은 투자에 실패한다"고 했지.

그렇다면 주식 투자를 하는 데 배짱은 왜 필요할까? 좋은 기업을 발견해도 주식을 사려면 배짱이 있어야 하거든. 오르면 오르는 대로 너무 올라 부담스러워 못 사고, 떨어지면 떨어지는 대로 더 떨어질까봐 두려워 못 사는 게 사람 심리야. 그러니 배짱이 없으면 매수하기가 쉽지 않아.

또 좋은 기업이라 샀는데 상황이 바뀌어 분석해보니 성장성이 떨어지는 거야. 그래서 팔아야 할 것 같은데 쉽게 팔지를 못해. 오르고 있으면 더 오를까 싶어 못 팔고, 떨어지면 옛날에 더 높았던 주가가 생각나 아쉬워서 못 팔거든.

인내가 필요한 것은 주가가 끊임없이 오르락내리락 하는 가운데 주식시장에는 말까지 많아서 그래. 좋은 기업의 주식을 사도 주가가 올랐다 떨어졌다 하면 '이걸 더 사야 하나, 이젠 팔아야 하나' 계속 갈등이 되니 오래 보유하면서 버티기가 쉬운 일이 아니야. 게다가 그 기업에 대한 분석과 전망, 추측, 루머 등이 쏟아지니 이 말도 맞는 것 같고, 저 말도 맞는 것 같고 오락가락하다가 '이젠 팔아야 하나' 의심이 싹트게 되지.

주가를 볼 때 이런 북받쳐오르는 감정을 다스려 배짱과 인내를 발휘하는 건 노력으로 되는 게 아니야. 아무리 감정을 조절하려 해도 주가를 보면 내 뜻과 상관없이 마음이 날뛰는데 어떻게 하겠니?

이건 어쩔 수 없어. 할 수 있는 건 감정이 북받쳐올라도 감정에 따라 즉흥적인 매매를 하지 않는 거야. 마음이 여러 감정으로 요동치는 건 어쩔 수 없다고 해도 감정에 따라 행동하지는 말아야 한다는 거지.

감정에 휘둘려 즉흥적으로 행동하지 않으려면 반드시 대응 매뉴얼을 미리 만들어놓아야 해. 머릿속으로는 '이럴 때는 이렇게 해야지' 하고 생각하고 있어도 막상 그 상황이 닥치면 까맣게 잊어버리게 되거든. 그러니까 상황별로 어떻게 행동할지 글로 써놓는 것이 좋지. 상황별로 대응 매뉴얼을 마련해두면 감정에 따라 즉흥적으로 행동하지 않고 매뉴얼에 기록한 지침을 억지로라도 따르게 되니까.

대응 매뉴얼에 반드시 들어가야 하는 필수 항목은 △ 일상적인 상황일 때 △ 주식시장이 급등하거나 급락할 때 △ 보유하고 있는 종목이 급등하거나 급락할 때 △ 보유하고 있는 종목이 다른 종목보다 수익률이 나쁠 때 △ 새로 사고 싶은 종목이 생겼을 때 등이야.

대응 매뉴얼은 행동으로 옮기기 쉽도록 구체적이어야 해. 너무 추상적이라 코에 걸면 코걸이, 귀에 걸면 귀걸이 식이면 안 된다는 거야.

하지만 너무 길고 세세하게 만드는 것도 좋지 않아. 대응 방법을 너무 자세하게 정해놓으면 일일이 따르기가 번거로워 오히려 무시하게 되거든.

대응 매뉴얼은 네가 직접 만들어 투자하면서 느낀 것이나 실수한 것 등을 반영하면서 계속 발전시켜 나가는 게 좋아. 여기에 대응 매뉴얼 예시를 소개할 테니 참고해서 꼭 너만의 대응 매뉴얼을 마련하도록 하렴. (이건 예시일 뿐이야. 구체적인 매뉴얼은 네가 만들어가야 해.)

주식 투자 대응 매뉴얼

○ 매월 월급의 20%를 주식에 투자한다.

○ 그 달에 투자할 종목은 기존 보유 종목 중 내재가치 대비 주가가 가장 저렴하다고 판단되는 종목으로 한다. 새로 투자할 종목은 미리 분석해 정해놓는다.

○ 한 주 가격이 비싸 월급의 20%로 못살 때는 돈을 모아 두세 달에 한 주씩 산다.

○ 보유 종목은 5개를 넘지 않는다.

○ 주식시장이 급등하거나 급락해도 평소대로 월급날 주식 투자를 계속 한다.

○ 다만 주식시장이 3% 이상 폭락하는 패닉(Panic)에 빠졌을 때는 월급날이 아니라도 여윳돈으로 투자를 생각해본다. 이 경우 전체 투자금액을 정해놓고 5~10%씩 분할 매수한다.

○ 주가 패닉 때 매수는 3% 이상 폭락이 일어나고 일주일 뒤부터 시작한다. 매수 대상은 기존 보유 종목에서 가장 저평가된 종목으로 하며, 주가가 전 고점 대비 80% 수준으로 회복될 때까지 매수한다. 반등했던 주가가 또 다시 하락하면 다시 분할 매수를 반복한다. 역사적으로 봤을 때 주가 급락은 한 달도 안 돼 끝날 수도 있지만 최장 3년까지 이어질 수 있다는 점을 기억한다.

- 보유하고 있는 종목이 경영권 분쟁 등 실적 이외의 요인으로 급등했을 때는 일부 차익 실현을 검토한다.

- 주식시장이 안정적인 상태에서 보유하고 있는 종목이 급락한다면 기업의 내재가치에 변화가 생겼는지 분석해보고, 성장성이 훼손되었다는 판단이 들 때만 매도한다.

- 보유하고 있는 주식의 수익률이 상대적으로 저조하다면 원인을 살펴보고, 성장성에 문제가 없다면 계속 보유한다.

- 새로 사고 싶은 종목이 생겼다면 재무제표를 통해 3년치 매출 증가율과 이익 증가율, 부채 상황 등을 살펴보고 애널리스트들의 실적 전망을 조사해본다. 이 결과 기존에 보유하고 있던 종목보다 성장성이 더 좋다는 판단이 들면, 기존 보유 종목 중에서 가장 성장성이 떨어지는 종목을 매도하고 새로 발굴한 종목을 매수한다. 매도할 종목은 내재가치 대비 주가가 고평가된 종목이 아니다. 성장성이 좋으면 주가가 다소 고평가됐다는 판단이 들어도 장기 보유한다.

- 기존에 보유하던 종목을 매도하고 새로운 종목을 매수할 때는 한 번에 매수한다. 기존에 보유한 종목보다 성장성이 더 좋다는 판단을 했으니 장기적인 주가 상승률이 더 높을 것으로 기대하기 때문이다. 돈이 있고 주가는 오를 것으로 전망하는데 굳이 분할 매수할 필요는 없다.

오르니까 더 사고 싶지?

· · ·

주식은 오르면 더 사고 싶어져. 더 오르면 주식을 살 기회를 놓칠 것 같아 조바심이 나거든. 하지만 주가가 어떻게 될지는 아무도 모르니 매월 일정액씩 매수하는 원칙을 지키는 게 좋아.

주식 투자의 방법 중에 역발상 투자라는 것이 있어. 대다수 투자자들이 생각하는 것과 반대로 투자하라는 거지. 왜냐하면 투자자들이 몰릴 때 주식을 사면 비싸게 사게 되고, 투자자들이 빠질 때 덩달아 팔게 되면 싸게 팔게 되니까. 결과적으로 사람들을 좇아다녀서는 큰 수익을 거둘 수 없다는 거야.

역발상 투자는 대다수 투자자들과 반대로 매매해 싸게 사서 비싸게 파는 것을 노리는 거야. 이게 말은 쉽지만 행동으로 옮기기는 굉장히 어려워. 많은 사람들이 하면 따라하게 되는 군중심리의 지배를 자신도 모르게 받거든.

미국에 존 템플턴이라는 위대한 주식 투자자가 있었는데 그 사람도 이런 말을 했어. "모두가 절망에 빠져 주식을 팔 때 매입하고, 남들이 앞뒤 가리지 않고 사들일 때 파는 것은 대단한 용기를 필요로 한다." 템플턴이 말하는 '용기'는 앞에서 소개한 '배짱'과 같은 의미야.

너는 남들이 뭐라든 네 갈 길을 갈 수 있다고? 그래, 네 말대로 평소엔 네 소신을 지킬 수 있을지도 몰라. 하지만 돈이 걸린 주식시장에선 그게 결코 쉽지가 않아. 왜 그런지 먼저 주가가 오를 때를 생각해보자.

넌 지금 주식이 별로 없어. 그런데 네가 사려던 주식이 막 급등하는 거야. 넌 월급날 일정액씩 주식에 투자하고 있는데 주가가 이렇게 오르면 아마도 불안해질 거야. '어, 난 주식이 아직 많지도 않은데 너무 오르잖아? 이러다 돈 벌 기회를 놓치는 거 아냐? 다음 달 월급날까지 기다렸다가 주식을 사면 너무 비싸게 살 거 같은데 지금 있는 돈으로 살까?' 이런 생각이 드는 거지.

그러다 '아니, 주가가 더 오르기 전에 돈을 빌려서라도 좀 많이 사는 게 좋지 않을까?'란 생각까지 하게 될 수도 있어. 절대 돈을 빌려 투자해선 안 된다는 것을 알면서도 주가가 오르면 상승장에서 소외될까봐 두려워 더 늦기 전에 주식을 왕창 사서 증시 호황에 동참해야 할 거 같은 거야.

이게 주가가 오를 때 '패닉 바잉'Panic Buying이 나타나는 이유야. 패닉 바잉은 투자자들이 정신없이 매수하는 걸 말해. '어, 남들 다 주식으로 돈 버는데 나는 뭐야. 지금이라도 빨리 사자.' 이러면서 무조건 매수에 뛰어드는 거지.

보통 주가가 많이 오르면 팔아서 이익을 실현하고 싶어 할 거라 생각하잖아? 그런데 사람 마음이 그렇지가 않아. 네가 가진 주식이 많이 오르잖아? 그러면 욕심이 더 생겨. '주식을 더 사둘걸 그랬나? 지금이라도 더 살까?' 이런 생각이 들지.

이런 경우도 있어. 네가 보유한 주식은 꼼짝도 하지 않는데 다른 주식은 급등하는 거야. 주식 투자를 하면 무슨 종목이 몇 달 만에 두 배가 올랐네, 세 배가 올랐네, 이런 얘기들이 계속 들릴 거야. 그러면 넌 좋은 기업을 고르는 기준에 따라 투자했다고 해도 우직하게 버티기보다 '이 종목이 아니라 저 종목에 투자할 걸 그랬나'라며 후회하는 마음이 생길 거야.

그러다 못 참고 네가 가진 주식을 팔아 이미 많이 오른 다른 주식을 사게 될 수도 있어. 그런데 이렇게 하면 네가 막 산 주식은 고점을 치고 내려오고, 네가 막 판 주식은 드디어 오르기 시작해. 진짜 이상한 우연인데 주식 투자하다 보면 이런 일이 진짜 심심치 않게 일어나. 내가 사면 떨어지고 내가 팔면 오르고, 정말 환장하고 눈물이 핑 돌지.

그래서 주식 투자 대응 매뉴얼을 미리 만들어 지켜야 한다는 거야. 엄마가 네게 주식 투자를 하라고 하면서 처음 얘기한 것이 월급의 일정 비율을 매달 꾸준히 투자하라는 거였어. 이게 주식 투자 대응 매뉴얼의 제1원칙이어야 해. 네가 투자 경험을 쌓아가면서 대응 매뉴얼을 수정하고 보완해갈 수는 있지만 이건 절대로 변함없는 제1원칙이어야 해.

이 원칙을 지킨다면 주가가 올라간다고 원래 계획했던 것보다 더 많은 돈을 주식 사는 데 투자하진 않겠지. 넌 게임을 좋아하니 알 거야. 하고 싶은 걸 참는 게 얼마나 어려운지. 의지로 참는 데는 한계가 있어. 하지만 매뉴얼은 의지로 참기 어려운 욕구를 원칙으로 제어하도록 해줘.

그런데 왜 주가가 오를 때 더 사면 안 되냐고? 그건 주가가 앞으로 어떻게 될지 알 수 없기 때문이야. 더 오를 수도 있지만 급락할 수도 있는 거지. 급락한다면 비싼 가격에 너무 많은 주식을 사게 되니까 너의 투자 수익률이 떨어지겠지. 반면 매월 일정액씩 꾸준히 주식을 사면 장기적으로 주식을 매입할 때 지불한 단가가 평균으로 수렴하면서 주가가 너무 올랐을 때 너무 많이 사는 실수를 피할 수 있어.

쌀 때 많이 사면 평균 매입단가가 더 떨어져 좋지 않냐고? 물론 그렇지. 그런데 10년에 한두 번 찾아오는 증시 대폭락을 제외하곤 주가가 싼지, 비싼지 정확히 가늠하기가 어려워. PER이 높은데도 1년 이상 상승세를 이어가는 경우도 있고. 결국 주가 움직임은 예측하기 어려우니까 기계적으로 매월 적립식으로 주식에 투자하라는 거야.

존 템플턴의 또 다른 명언을 소개해줄게. "주식 투자에서도 일관성을 유지하는 것이 바로 가장 높은 수익률을 올리는 투자 전략이다." 게리 무어란 사람이 지은 책 『존 템플턴의 영혼이 있는 투자』에 인용된 구절이야.

주식 투자의 일관성을 유지하게 해주는 것이 바로 주식 투자 대응 매뉴얼이야. 그리고 매수의 일관성을 유지하게 해주는 것이 매월 일정액씩 적립식으로 투자하는 거야. 꼭 기억하길!

떨어지니까 팔고 싶지?

. . .

좋은 기업이라도 주가가 떨어지면 사고 싶은 마음이 사라져. 오히려 팔고 싶지. 이때 주가가 아니라 기업을 보도록 해. 기업의 가치에 변화가 있는지 보고 매도 할지 여부를 결정하라는 거야.

네가 갖고 있는 주식이 떨어지면 어떤 생각이 들까? '좋은 주식이 싸졌네. 더 사자.' 이런 마음이 생길까? 이성적으로는 그래야 정상인데 엄마가 경험한 바로는 절대 그렇지가 않더라고.

'주가가 왜 떨어지지? 내가 모르는 무슨 악재가 있나? 더 떨어지면 어떻게 하지?' 이런 생각이 들며 불안해지더라고. 그러다 주가가 투자원금 아래로 떨어지면 초조해지는 거야. '언제까지 떨어지는 거야? 더 손해 보면 어쩌지? 손실폭이 커지기 전에 팔아 버릴까?'

사고 싶었는데 비싸서 못 샀던 주식도 떨어지면 사고 싶은 마음이 사라지는 게 사람의 심리야. 남들이 다 좋다고 달려들 때는 갖고 싶다가 남들이 싫다고 팔아버리면 나도 갖기 싫어지는 마음, 넌 이해할 수 있겠니? 그래서 주식은 싸게 사기가 어렵고, 좋은 주식을 오래 보유하기는 더 어려운 거란다.

너는 안 그럴 거라고 말하지만 주식에 한번 투자해봐. 떨어지는데 안 팔고 버티고 급락하는데 더 사는 게 얼마나 어려운지 알게 될 거야. 그래서 너의 주식 투자 대응 매뉴얼에는 당연히 네가 갖고 있는 주식이 급락할 때 어떻게 할지 지침을 정해둬야 해.

보유 주식이 급락할 때 가장 먼저 해야 할 일은 기업의 내재가치에 변화가 있는지 살펴보는 거야. 내재가치에 별다른 문제가 생긴 것이 아니라면 그냥 보유하면서 매월 하던 대로 일정액씩 적립식 투자를 계속 해나가면 돼. 기업의 본질적인 가치, 그러니까 성장성이 훼손되지 않는 한 10년은 보유한다는 생각으로 버티는 게 답이야.

주가가 하락해 싸졌으니 더 사는 건 어떨까? 주가가 오를 때 추격 매수하는 건 자제해야 하지만 주가가 떨어질 땐 추가 매수하는 것도 좋아. 매월 일정액씩 적립식으로 투자한다는 원칙에 예외를 두는 거지. 단, 주가가 내재가치보다 싸졌다고 판단하는 경우에만 여윳돈으로 매수해야 해.

이 말은 돈을 빌려서 투자하지는 말라는 거야. 투자 전문가들이 한 목소리로 강조하는 것도 빚을 내서 주식 하지는 말라는 거야. 남의 돈으로 투자하면 주가가 떨어질 때 견디기가 어렵거든.

넌 멘탈이 강해서 괜찮다고? 그게 착각이란다. 자기 돈이 걸려 있는데 손해를 보고 있다? 그러면 아무리 멘탈이 강한 사람이라도 불안해져. 네가 가진 주식이 막 떨어져서 손실이 확대되면 아마도 초조해서 미칠 것 같을걸?

네가 투자한 기업이 정말 좋은 기업이라 해도 주가가 한 달, 두 달 계속 하락하면 '어, 내가 잘못 생각했나'라는 의심이 들게 돼. 이걸 참아내기는 정말 힘들어.

그나마 네 돈으로 투자한 거라면 나아. 1천만원을 투자했다면 '그래, 최대로 손해 봐도 1천만원인데 아깝지만 없는 돈이라 생각하고 기다리자'라고 인내할 수도 있지.

그런데 1천만원을 빌려서 투자했다고 생각해봐. 넌 매달 대출 이자를 갚고 있는데 주가가 급락해 주식 가치가 600만원으로 쪼그라들었다면 마음이 어떨 거 같니? 이 손실이 확정되면 이자와 함께 너는 400만원을 마련해 갚아야 해. 있었던 돈을 없는 셈 치자고 할 수 없는 거야. 생돈 400만원이 나가야 하니까.

최악의 경우에는 앞으로 생돈 1천만원을 마련해 갚아야 해. 그럼 '더 떨어지기 전에 지금이라도 팔아 손해를 조금이라도 줄이는 게 좋지 않을까'란 생각을 할 수밖에 없어.

주식 투자에 성공하기 위해 필요한 세 가지 조건 중에 하나가 배짱이라고 앞에서 얘기했잖아? 주가가 떨어지기만 해도 심장이 쪼그라들며 배짱을 부리기가 어려운데, 돈을 빌려 투자한 상태라면 배짱을 부리기가 거의 불가능에 가깝다고 할 수 있지. 그러니까 돈을 빌려서는 투자하지 말라는 거야.

주가가 하락할 때 팔아버리는 것보다 더 나쁜 건 다른 주식으로 손해를 만회해보겠다고 돈을 더 빌려 무리한 투자를 하는 거야. 다른 주식에서 이익을 내서 손실을 메워보자는 건데, 이건 정말 위험한 투자야.

이거야말로 진정한 배짱 아니냐고? 절대 아니지. 이건 배짱이 아니라 절박감이지. 투자 실패로 빚만 고스란히 남게 될까봐 두려워 지푸라기라도 잡는 심정으로 대박 종목을 찾는 거잖아. 이런 투자는 더 큰 손실로 이어질 가능성이 높아. 단기간에 빨리 오를 기업을 성급하게 찾기 때문이지.

네가 갖고 있는 주식이 떨어지는데, 분석해보니 기업의 가치가 당초 네가 기대했던 것보다 크게 낮아졌다면 어떻게 해야 할까? 예를 들어 네가 성장성이 있다고 판단했던 사업이 새로운 규제로 많은 제약을 받게 되었다거나, 경쟁업체에서 신제품을 내놓았는데 시장 반응이 좋다거나 하는 경우가 있겠지.

이때는 좋은 기업이라도 팔아야 하는 조건에 해당하는지 신중하게 생각해본 후에 매도를 결정해야 해. 성장성이 훼손됐거나 1등 지위를 빼앗길 것으로 예상되거나, CEO가 바뀌었는데 무능하다는 판단이 들거나, 경쟁이 심해졌다면 매도를 고려하라는 거지.

하지만 기업에 발생한 부정적인 요소가 일시적인 것이라면 조금 더 기다려보는 것이 좋아. 어떤 기업도 직선형으로 쭉 발전해나가는 것은 아니니까.

또 하나 당부하고 싶은 건 주가가 떨어져 손해를 보다가 주가가 반등했을 때 섣불리 팔지 말라는 거야. 주가가 떨어질 때 손해가 너무 커지면 거의 자포자기 상태가 돼. 그래서 주식을 팔 기회도 놓치고 그냥 원금만 건지자는 심정으로 '존버'하는 경우가 있어.

그러다 주가가 반등해서 원금 수준으로 올라오면 어떻게 될까? 주가가 하락한 뒤 원금 회복 때까지 마음고생이 너무 심했던 데다 다시 주가가 떨어져 손해 볼 수 있다는 불안감이 겹치면서 그냥 무조건 팔고 싶은 생각이 들어.

그래서 팔잖아? 그 기업이 정말 좋은 기업이었다면 네가 주식을 판 뒤에도 주가는 계속 올라가게 돼. 그때 아쉽고 안타깝고 속상한 심정은 이루 말로 표현할 수가 없어. 주가 하락을 다 견뎌내고도 주가 상승의 열매를 못 누리는 거잖아.

주가 하락으로 마음고생이 심한 만큼 그 주식은 쳐다보기도 싫겠지. 하지만 이런 감정에 휩쓸리지 말고, 원금만 건지고 주식을 빨리 처분하자는 생각도 하지 말고, 주가가 아니라 기업을 봐. '그 기업이 계속 성장할 기업인가, 아닌가'를 생각하면서 기업에 매도할 만한 이유가 생겼는지 보고 결정하라는 거야. '정말 지긋지긋해'란 감정으로 투자 결정을 내리지 말아야 해.

요약하자면 주가가 오를 때나 떨어질 때, 주식을 막 사고 싶거나 팔고 싶을 때, 눈앞의 주가를 보지 말고 그 뒤에 있는 기업을 보라는 거야. 투자 결정은 가격이 아니라 기업을 보고 내려야 한다는 것, 이걸 잊지 않았음 해.

내재가치는 사기야,
실은 네 확신일 뿐이지

· · ·

너에게 기업의 가치를 보고 주식 투자를 하라고 했는데 기업 가치라는 건 정답이 없어. 너의 자의적 판단일 뿐이지. 주식 투자는 네 판단이 맞는지 계속 검증해가면서 하는 과정이야.

주가가 오를 때나 떨어질 때나 주가를 보지 말고 기업을 보라고 했잖아? 기업을 보라는 건 기업이 가진 가치, 즉 내재가치를 분석해보라는 뜻이고.

그런데 너도 이미 눈치 챘겠지만 여기에는 중대한 문제가 하나 있어. 앞에서도 이미 설명했지만 기업의 내재가치는 사실 그 누구도 정확히 계산해낼 수 없다는 거야. 기업의 내재가치에 미래 성장성이 포함되는 한 주관적인 예측이 들어갈 수밖에 없기 때문이야.

주가가 내재가치보다 저평가됐다거나 고평가됐다는 판단에

는 기업의 미래 이익에 대한 너의 예측이 들어가지 않을 수가 없어. 내재가치 자체가 너의 예상이자 그 기업의 특정 미래에 대한 너의 선택인 거야.

주식 투자의 어려움이 바로 여기에 있어. 주식 투자에서 확실한 건 아무것도 없다는 것 말이야. 온통 불확실성 속에서 미래의 방향성을 결정해 투자할 수밖에 없는 거지. 결국 내재가치는 그럴 듯한 허울이고, 투자란 자기 확신에 따라 하는 것이라고 할 수 있지.

혹시 '블랙스완'이란 말을 들어본 적이 있니? 블랙스완은 검은 백조잖아? 그런데 백조는 '하얀 새'란 의미니까 블랙스완은 '검은 하얀 새'라는 모순적인 뜻이 되지. 그러니까 블랙스완은 세상에 존재할 수 없는 공상 속의 새인 거야. 그런데 블랙스완이 놀랍게도 호주에서 발견됐어. 세상에 없는 줄 알았는데 실제로 존재하고 있었던 거야.

블랙스완은 이처럼 세상에 있을 것 같지 않은 일, 그런데 실제로 일어나는 일을 상징해. 이런 블랙스완 현상에 대해 분석한 『블랙스완』이란 책이 있는데 거기에 나온 한 구절을 네게 알려주고 싶어. 이 책은 나심 탈레브란 사람이 지었는데 책 내용 중 조지 소로스란 사람에 대한 얘기가 나와.

소로스는 세상에서 가장 성공한 헤지펀드 투자자 중 한 사람이야. 헤지펀드가 뭐냐 하면 법에 어긋나지 않는 한 돈 되는 투자는 다 하는 사모펀드라고 이해하면 돼. 사모펀드는 뭔지 알지? 공모와 사모가 있고, 사모는 돈을 소수의 사람들에게서 사적으로 모은다는 의미라는 걸 앞에서 설명했지?

네가 투자하면서 꼭 기억했으면 하는 '블랙스완' 속의 주옥같은 문장은 이거야.

소로스는 투자할 때 끊임없이 자신이 세운 최초의 가설이 틀렸음을 입증하는 사례들을 찾아내기 위해 노력한다. 이것이야말로 진정한 자기 확신이며 자신의 에고Ego를 격려하는 신호를 찾으려는 욕구에서 벗어나 세상을 바라볼 줄 아는 능력이다.

무슨 말이냐면 네가 어떤 기업을 분석해보니 너무 좋아. 그러면 이게 너의 최초 가설이 되는 거야. 그런 뒤에 좋은 기업이라는 네 판단에 반대되는 증거들을 찾아보는 거야. 그 기업에 대한 부정적인 분석이나 전망, 의견 같은 거 말이야.

소로스는 '어떤 주식을 사고 싶다, 팔고 싶다' 이런 생각이 들면 자기 생각에 반대되는 증거들을 찾아. 이런 반대 의견에도 불구하고 자기 생각이 여전히 변함없는지 확인하는 거지. 탈레브는 내 생각이 틀렸음을 보여주는 증거 속에서도 굳건히 버틸 수 있어야 진정한 자기 확신이라는 것을 조지 소로스의 사례를 통해 강조한 거야.

사람들은 뭔가 하고 싶은 게 있으면 그걸 옳다고 해주는 의견만 찾으려 하는 경향이 있어. 보고 싶은 것만 보고 듣고 싶은 것만 들으려는 거지. 자기 생각의 허점이나 문제를 지적하는 건 싫은 거야. 자아(에고)가 공격받는다고 생각하거든. 그러니까 탈레브가 표현한 것처럼 "자신의 에고를 격려하는 신호를 찾으려는 욕구"에 갇혀 있는 거지.

이런 자기 확신은 독선이자 독단이고, 결국은 투자 실패로 이어지기 쉬워. 내 판단이 틀릴 수 있다고 생각하며 끊임없이 회의하는 과정 속에서 얻어지는 확신이 진정한 자기 확신이고, 에고의 틀에서 벗어나 세상을 그나마 바로 볼 줄 아는 능력인 거야. 그러니까 주식 투자의 과정은 네가 기업의 내재가치를 조사하고 분석해서 투자 결정을 내린 뒤에도 끊임없이 네 결정이 맞는지를 확인해가는 과정이라고 할 수 있어.

'성장주 투자의 아버지'라 불리는 필립 피셔도 "중요한 것은 현재가 아닌 미래"라고 강조하면서 기업의 미래를 알려면 끊임없는 정보 수집과 검증이 중요하다고 말했어. "기업의 미래를 추정하는 가장 좋은 방법은 치밀하고 끝없는 사실 수집이다. 될 수 있는 한 많은 현장의 자료와 데이터, 사실들을 수집하고, 사람들을 만나 데이터를 교차 검증하는 수밖에 없다."

네가 "주식을 더 사야 돼? 팔아야 돼?"라고 물어본다면 엄마 대답은 기업의 가치를 따져보라는 거야. 그런데 이 기업의 내재 가치에는 확실한 답이 없어. 즉 너의 판단이라는 거지. 주식 투자는 너의 이 판단이 맞는지 끊임없이 확인해가는 과정이라는 게 결론이야.

위기가 닥쳤을 땐 이렇게 해

• • •

주식시장엔 수년에 한 번씩 위기가 닥쳐. 이럴 땐 네 주식 자산이 크게 감소할 거야. 하지만 미래는 아무도 예측하지 못하니 위기에 대비해 비관론자가 되진 마. 결국은 낙관론이 이기니까.

주식시장엔 '10년 위기설'이라는 게 있어. 10년에 한 번꼴로 큰 충격이 온다는 거야. 실제로 아시아에선 1997~98년에 아시아 외환위기가 있었고, 미국에선 2000년 닷컴 버블 붕괴가 있었어. 2008년에는 글로벌 금융위기가 있었고, 2020년에는 코로나 19 팬데믹(대유행)이 있었어.

이런 큰 위기가 찾아오면 증시가 폭락해. 그간 주식으로 쌓아뒀던 수익이 한 순간에 무너지지. 하지만 증시는 시간이 지나면 언제나 회복됐어.

이런 큰 위기를 몇 번 겪으면서 사람들은 충격으로 인한 주가 급락이 오래 가지 않고 언젠가는 회복한다는 것을 알게 됐어. 주가 급락이 오히려 매수 기회라는 교훈을 얻었지.

실제로 아시아 외환위기나 글로벌 금융위기, 코로나19 팬데믹 등으로 인한 증시 폭락은 모두 길어야 수개월에 그치고 빠르게 회복했어. 닷컴 버블 붕괴 때는 미국 증시가 3년간 하락하며 타격이 좀 오래 갔지만 말이야.

앞으로도 주가가 대폭락하는 위기는 닥칠 거야. 그런 위기와 관련해 너에게 강조하고 싶은 건 세 가지야.

첫째는 위기에 대비하지 말라는 거야. 위기에 대비하지 말라니 너무 극단적이라고? 위기에 대비하지 말라는 건 언제 닥칠지 모르는 위기에 대비하다 보면 비관론자가 될 수밖에 없기 때문이야.

솔직히 엄마가 약간 그런 사람이었지. 경제는 늘 취약해 보였고, 증시가 오르는 건 언제나 불안해 보였어. 그래서 조금만 위기가 닥칠 것 같으면 주식을 팔고 증시가 급락하길 기다렸어. 더 싸게 주식을 사기 위해서였지. 그러다가 증시 상승의 기회를 허망하게 놓치고 말이야. 그런데 주가가 오르면 또 너무 비싸 보여서 못 샀어.

앞에서도 말했지만 비관론자는 '고장 난 시계'야. 고장 난 시계라도 하루에 두 번은 시간을 맞출 수 있어. 위기에 대비하다 보면 10년에 한두 번 정도는 위기를 맞출 수도 있겠지. 하지만 그 동안의 상승은 놓치게 돼.

그러니까 매월 주식을 사면서 그냥 시장에 머물러 있어. 위기가 닥치면 주식 자산의 가치가 급감하겠지만 네가 좋은 기업에 오래 꾸준히 투자했다면 손실은 머지 않아 회복될 거고, 다시 많은 수익을 거둘 수 있게 될 거야.

둘째는 충격적인 사건을 보지 말고 기업을 보라는 거야. 워런 버핏이 1994년에 자신이 회장으로 있는 버크셔 해서웨이 주주들에게 보낸 서한의 일부를 소개할 테니 잘 읽어봐. 이 내용을 보면 사건이 아니라 기업을 보라는 말이 무슨 의미인지 너무나도 잘 이해가 될 거야.

우리는 앞으로도 정치적 · 경제적 예측은 무시하려 합니다. 그러한 예측은 많은 투자자들과 기업가들에게 집중을 방해하는 값비싼 대가를 요구하니까요.

30년 전(1964년)에는 아무도 베트남전쟁이 그토록 확대돼 장기화할지, 두 번의 오일 쇼크(1973~74년과 1978~80년의 유가 폭등)가 닥칠지, (1970년대 말에 나타난 인플레이션 때문에) 임금과 물가 통제가 이뤄질지, (워터게이트 스캔들로 닉슨) 대통령이 낙마할지, 소련이 몰락할지, 다우지수가 하루에 508포인트나 급락할지(1987년 블랙먼데

이), 10년물 국채수익률이 2.8%에서 17.4%의 엄청난 변동성을 보일지 예상하지 못했습니다.

우리는 대개 거시적인 이벤트에 대한 불안감이 최고조에 올랐을 때 최고로 좋은 매수 기회를 낚아챕니다. (중략) 대단히 충격적인 사건들은 앞으로 30년 동안에도 분명히 일어날 겁니다. 우리는 그러한 사건들을 예측하려고 시도하지도 않고, 예측해서 이익을 얻으려 하지도 않을 겁니다.

우리가 과거에 매수했던 주식들과 비슷한 주식을 찾아낼 수 있다면 외부 충격은 우리의 장기적인 수익률에 거의 영향을 미치지 못합니다.

워런 버핏이 그랬던 것처럼 네가 좋은 기업을 찾아내 장기 투자한다면 그 어떤 충격이 닥쳐도 너의 투자 수익률은 별다른 타격을 입지 않을 거야.

셋째, 낙관론이 이긴다는 거야. 이번 위기는 급이 다르다는 생각이 들어 주식시장에서 도망치고 싶을 때는 "내 평생 성공한 비관론자는 만나본 적이 없다"는 윌리엄 오닐의 말을 기억해. 오닐은 1962년에 5천달러로 주식 투자를 시작해서 1년 만에 20만 달러로 키운 엄청난 투자자야. 폭락이 두려워 시장을 떠난다면 넌 평생 부자가 될 수 없어.

비관론자들은 현안을 분석하는 통찰력이 뛰어난 것처럼 보이고, 현란한 말로 대중의 관심을 휘어잡는 능력도 대단해. 사람들이 깜박 넘어가기 쉽지. 하지만 결국 돈 버는 사람은 내일은 오늘보다 더 나아질 것이라 믿고 묵묵하게 투자하는 낙관론자들이야. 시장이 흔들릴 때 전설적인 투자자 존 템플턴의 말을 기억하렴. "시장을 너무 무서워하거나 부정적인 시각으로 바라보지 말라. 결국 낙관론이 이긴다." 알았지?

손절매, 무조건 안 하는 게 답은 아니야

• • •

손절매는 손해를 보고 주식을 파는 거야. 손해가 더 커질 수 있다고 판단되거나 이 주식을 계속 갖고 있는 것보다 빨리 팔고 다른 주식을 사는 게 낫겠다 싶을 때는 손절매를 하는 게 좋아.

주가가 떨어질 때 보통 어떤 마음이 들고 어떻게 대응하는 것이 좋은지에 대해선 이미 설명했어. 하지만 주가가 하락할 때 어떻게 대응해야 하는지에 대해선 더 생각해볼 주제가 있어. 그건 바로 손절매야. 주가가 떨어질 때 손해를 보고 주식을 파는 거 말이야.

좋은 기업에 투자하면 일시적으로 손해가 나도 장기적으로는 결국 주가가 상승해 수익을 올릴 수 있다고 했잖아? 그런데 도대체 손절매는 왜 하는 걸까?

손절매라는 용어를 그대로 풀어보면 '손실을 끊어내는 매도'

란 뜻이야. 이게 손절매를 하는 첫째 이유지. 더 큰 손실을 보기 전에 팔아치우는 것이고, 갖고 있어봤자 손실만 늘어날 것 같으니 처분해버리는 것이지.

이런 주식은 어떤 주식일까? 한마디로 기업이 망가진 거라고 할 수 있어. 실적이 점점 더 나빠지는데 앞으로 회복은커녕 계속 더 나빠질 것으로 예상되는 기업 말이야. 이런 기업은 손해를 봤어도 그냥 처분하는 것이 좋아. 손해가 더 커질 수 있거든.

이건 네가 기업 분석을 잘 못했거나 갑자기 기업에 예상치 못한 회복 불능의 악재가 생겼기 때문일 거야. 냉정하게 현실을 판단해보고 기다린다고 해서 주가가 오를 상황이 아니다 싶으면 손실이 났다고 해도 깨끗하게 포기하고 팔아버려. 그런데 이게 생각만큼 쉽지는 않을 거야. 네 실수를 인정하고 손실을 확정해야 하니까.

둘째, 좋은 기업인데도 손절매하는 게 나은 경우도 있어. 좋은 기업이라고 판단해서 매수를 시작했는데 주가가 계속 떨어지면서 2~3년이 지나도 이전 고점을 회복할 기미를 보이지 않는 거야. 이건 주가가 고점 부근일 때부터 매수를 시작했는데 기업의 이익 증가율이 주가 수준에 못 미치는 기간이 계속되고 있기 때문이야.

좋은 기업에 적립식으로 장기투자하라고 강조해왔지만 그렇게 한다고 해서 언제나 높은 수익을 기대할 수 있는 건 아니야. 주가 그래프가 우상향(/형)하거나 V자형을 그리면 수익이 나지만 우하향(\형)하거나 역V자형(∧형)의 모습을 보이면 장기 적립식 투자를 해도 이익은커녕 손실이 날 수도 있어.

예를 들어 5년 전인 2015년 7월 2일에 아모레퍼시픽이란 화장품주를 매수하기 시작했다고 가정해보자. 당시 아모레퍼시픽은 매출액도, 이익도 두 자리수씩 늘어나는 화장품 1등기업이었어. 그런데 주가는 2015년 7월 2일에 45만 5,500원으로 최고가를 찍고 횡보하다가 하락하기 시작해.

2015년은 중국인들이 한국 화장품을 많이 사면서 화장품업체들의 실적이 급증하던 때야. 이 결과 화장품주가 폭등했는데 아모레퍼시픽이 단연 대장주였지. 실적 기대감으로 주가가 가파르게 오르면서 PER은 52배까지 치솟았어. PER이 올라간다는 것은 이익 증가율보다 주가 상승률이 빠르다는 의미야.

그런데도 당시 증권사에서 주식을 분석하는 애널리스트들은 아모레퍼시픽 주가가 비싸지 않다고 했어. 지금 한국 화장품을 사는 중국인은 전체 인구에서 얼마 안 된다, 중국 인구가 몇 명이냐, 한국 화장품을 사는 중국인이 조금만 더 늘어도 매출이 얼마나 더 증가하겠냐, 이런 성장성을 감안하면 주가는 지금도 비싸지 않다 등등 뭐 이런 논리였지.

하지만 2017년에 한국이 미국의 방위미사일인 사드를 배치하기로 하면서 중국이 한한령(중국 내 한류 금지)을 내렸고, 이 결과 아모레퍼시픽은 실적이 큰 폭으로 줄게 돼. 이는 성장성이 훼손된 거니 결정적인 매도 이유가 되지.

2015년 주가 고점에서 매수를 시작했다면 손실을 보고 있을 테니 매도 결정이 쉽지는 않을 거야. 게다가 기업이 망가진 게 아니라 중국의 한한령 때문에 실적이 나빠진 거니 조금만 기다리면 한한령이 풀리지 않을까, 실적 부진은 일시적이지 않을까, 이런 기대를 하면서 주가 반등을 기다릴 수도 있지 않겠니?

아모레퍼시픽처럼 좋은 기업을 비싸게 사서 손해를 보고 있거나 오래 투자했는데도 수익률이 저조하다면 어떻게 해야 할까? 앞에서 좋은 기업도 매도해야 할 때가 있다며 다섯 가지 경우를 설명했잖아? 그 기준에 따르면 아모레퍼시픽은 손해를 보고라도 팔았어야 해.

엄밀히 말하자면 2015년에 아예 사지를 말았어야 해. 좋은 기업도 매도해야 하는 다섯 가지 경우 중에 경쟁업체가 늘어나거나 투자자들이 너무 몰리면 매도 신호라고 했으니까. 2015년에 화장품주가 꼭 그런 상황이었거든. 화장품이 돈이 되니 화장품회사가 우후죽순 늘어났고, 투자자들은 화장품주를 정신없이 사들였고 말이야.

지금 팔아서 손해를 보는 것보다는 아모레퍼시픽이 좋은 기업이니까 그냥 보유하고 버티겠다, 이런 생각을 할 수도 있어. 그렇게 버텨서 언젠가 원금이 회복될 수도 있겠지. 하지만 이 경우 눈에 보이지 않는 엄청난 기회비용을 짊어질 수도 있다는 점을 반드시 고려해야 해.

기회비용은 네가 한 곳에 투자했기 때문에 다른 곳에는 투자하지 못해 생기는 비용이야. 네가 아모레퍼시픽에 투자하느라 셀트리온에는 투자하지 못했다면, 셀트리온에 투자하지 못해서 얻지 못한 수익이 기회비용이 되는 거야.

사람들이 손절매하지 못하는 것은 기회비용은 보지 못하고 매몰비용만 아까워하기 때문이야. 매몰비용은 이미 투자 결정을 내려서 지출했기 때문에 돌려받을 수 없는 돈을 말해.

예를 들어 어떤 프로젝트를 위해 연구개발비에 5억원을 썼어. 그런데 프로젝트의 전망이 밝지 않아. 그래서 프로젝트를 포기하기로 하면 연구개발비는 그냥 매몰비용이 되는 거지. 네가 손해 난 상태에서 주식을 팔면 네가 투자한 돈 가운데 일부가 손실로 확정돼 매몰비용이 돼. 사람들이 손절매를 하기 어려워 하는게 바로 이 때문이야.

오래 기다리면 주가가 오를 것 같은데 확신은 없고 불안하기만 하다면 그때도 손절매하는 것이 나을 수 있어. 마음의 평안을 위해서 말이야. 주식은 마음 편하게 하는 게 최고야. 그래서 장기 적립식 투자를 하라는 거고.

어떤 주식으로 인해 네 마음의 평화가 깨진다면, 오래 인내하기엔 너무 마음이 불편하다면 그 주식과는 결별하는 게 나아. 돈보다 중요한 게 마음의 평안이니까. 행복하게 오래 보유할 수 있는 주식을 골라야 해.

손절매는 살을 도려내고 뼈를 깎는 것 같은 아픔을 줘. 하지만 버핏의 명언을 생각하면 손절매가 현명한 결정일 때가 있다는 사실이 확실히 이해가 될 거야. "구멍이 나서 물이 들어오는 보트가 있다면 보트의 구멍을 막으려 힘을 쏟는 것보다 보트를 바꿔타는 것이 훨씬 더 생산적이다."

저가매수?
네가 가치를 알아?

• • •

사람들은 저가매수를 주가가 많이 떨어졌을 때 사는 거라고 생각해. 하지만 진짜 저가매수는 기업이 가진 가치에 비해 주가가 낮을 때 사는 거야. 주가가 폭락했다고 해서 무조건 사선 안 된다는 거야.

주가가 떨어질 때 또 하나 생각해봐야 하는 주제는 저가매수야. 주가가 하락하면 좋은 기업을 싸게 살 수 있는 기회라고 하면서 저가매수를 하라고 해. 특히 위기가 닥쳐 주가가 급락할 때야말로 최고의 저가매수 기회라고 하지.

그런데 앞에서 위기가 닥쳤을 때 어떤 태도를 가져야 하는지 세 가지를 제시하면서 저가매수를 하라는 말은 안 했던 거 기억나니? 낙관론자가 이긴다고는 했지만 저가매수를 하라는 조언은 안 했어. 그 이유는 네 가지야.

첫째 이유는 가격이 많이 떨어졌다고 사는 것이 저가매수는 아니기 때문이야. 저가매수는 기업의 내재가치에 비해 주가가 더 낮을 때 사는 거야. 그런데 단순히 주가가 많이 떨어졌다며 저가 매수를 한다고 달려드는 사람들도 있거든.

예를 들어 테슬라는 PER이 비현실적일 정도로 높다고 했잖아? 그런데도 좀 떨어지나 싶으면 곧바로 반등해 더 올라가고, 이번엔 조정을 받나 싶으면 또 더 치고 올라가는 거야. 그런데 코로나19 같은 위기로 테슬라가 폭락한다면 막 사고 싶은 마음이 들수가 있어. 지금껏 수익률이 너무 좋았으니까. 하지만 이때 사는 것이 저가매수는 아니란 거야. 코로나19로 주가가 폭락했을 때도 테슬라의 PER은 비현실적으로 높았으니까.

증시엔 "떨어지는 칼을 붙잡지 말라"는 격언이 있는데 가격이 떨어졌다고 매수하는 것은 자칫 떨어지는 칼을 붙잡는 것이 될 수 있어. 떨어지는 칼을 손으로 붙잡으면 다치잖아? 마찬가지로 주가 낙폭이 크다고 매수했다간 자산에 치명적인 상처를 입을 수 있어.

둘째 이유는 장기 계획이 싸게 사는 것보다 중요하기 때문이야. 백화점에 가면 '폭탄세일'이란 팻말이 붙은 매대가 있잖아? 거기에선 물건을 아주 싸게 살 수 있지. 하시만 '폭탄세일'을 통해 매수한 물건이 너에게 반드시 가치가 있는 것은 아니야. 그냥 싸니까 사볼까 하는 생각으로 사는 물건도 있으니까. 쇼핑할 때 '싸게 사는 것'보다 더 중요한 것이 필요한 것을 명확히 파악한 후 쇼핑 계획을 세우는 거야. 싸다고 너에게 필요 없는 것을 산다면 그게 더 낭비인 거지.

투자도 마찬가지야. 장기적이고 분명한 투자 계획이 있어야 해. 그래야 시장이 요동칠 때 마음이 흔들려 좋은 주식을 내던 지지도 않고, 좋은 주식도 아닌데 싸다고 마구 주워담지도 않을 수 있어. 저가매수의 환상 때문에 주가가 떨어질 때 '지금이 기회다' 하고 아무 생각 없이 뛰어들었다가는 크게 델 수 있다는 걸 잊지 마.

셋째 이유는 일생일대의 저가매수 기회가 왔다고 해도 절대로 한꺼번에 전부를 걸지는 말아야 하기 때문이야. 누누이 강조했지만 내재가치는 누구도 정확히 계산할 수 없고, 누구도 주가의 바닥이 어디인지 알 수 없어.

네가 예상한 것보다 그 기업의 향후 이익이 더 적다면 주가는 네 생각보다 더 떨어질 수 있어. 그리고 통상 위기로 인한 주가 하락은 수개월에 그쳤지만 1929~1932년 대공황과 2000년 닷컴 버블 때 미국 증시는 3년간 내림세를 겪었어.

그러니까 위기가 닥쳐 주가가 급락할 때 '이때가 기회다'라면서 여윳돈 전부를 걸지는 말라는 거야. 주식이 저평가됐다고 생각해도 돈을 나눠 분할매수를 하는 게 안전해. 주가 바닥이 네 생각보다 더 빨리 오면 매수 기회를 잃었다는 후회가 들 수도 있는데, 어차피 주가는 예측할 수 없으니 안전한 쪽을 택하는 게 낫다는 게 엄마 생각이야.

넷째 이유는 분할 저가매수가 물타기가 되어서는 안 되기 때문이야. 절대로 빨리 원금을 회복하겠다고 물타기는 하지 마. 그야말로 떨어지는 칼을 붙잡는 치명적인 실수가 될 수 있으니까.

물타기는 주가가 떨어질 때마다 사들여 평균 매수단가를 낮추는 거야. 네가 어떤 주식을 1만원에 100만원어치 샀어. 그런데 주가가 8천원으로 떨어졌어. 그래서 또 80만원어치를 매수했어. 그런데 6천원으로 주가가 더 떨어졌어. 그래서 또 60만원어치를 더 사. 그럼 매수단가는 1만원에서 9천원으로, 다시 8천원으로 떨어져. 바로 이게 물타기야.

네가 총 240만원에 산 주식은 가치가 180만원으로 떨어져 60만원의 평가손을 보고 있는데 주가가 6천원에서 8천원으로 오르면 원금 회복이 되는 거야. 네가 처음 산 가격 1만원이 아니라.

물타기랑 조금 전에 설명한 분할 저가매수랑 뭐가 다르냐고? 그치, 겉으로 보기엔 둘이 똑같지. 하지만 둘 사이엔 본질적인 차이가 있지.

분할 저가매수는 반드시 기업의 가치에 대한 평가가 전제돼야 한다는 거야. 주가가 저평가됐다는 믿음이 있기 때문에 그냥 묻어두고 기다린다는 마음으로 하는 거야.

그런데 물타기는 가격이 많이 떨어졌다고 매수했다가 주가가 더 떨어지면 원금 회복을 앞당기려고 하는 개념이야. 그냥 가격 낙폭만 보고 샀는데 바닥인 줄 알았던 주가에 지하실이 있어. 그럼 손해를 보는 게 싫어서 빨리 원금을 회복하려고 더 사는 거야. 그러다가 거액을 물리게 되는 거지.

차익실현할 때까지는
네 돈이 아니야

• • •

증권계좌에 찍힌 자산은 주가 변동에 따라 시시각각 변해. 그러니 주가가 올라 돈 좀 벌었다고 김칫국부터 마시지는 마. 주식은 팔아서 현금이 계좌에 꽂힐 때까지 쓸 수 있는 돈이 아니야.

주식 투자의 가장 큰 기쁨은 네가 보유한 주식의 주가가 많이 오르는 거야. 증권계좌에 빨간 색으로 네가 산 주식의 수익률과 늘어난 자산이 표시되면 주식 투자의 보람을 느끼지. 주식은 오르면 빨간색, 떨어지면 파란색이니 그저 빨간색만 보면 좋은 거야.

주식만 샀을 뿐인데 자산이 늘어나니 얼마나 즐겁니? '주가가 이렇게 쭉 오르면 재산이 얼마로 늘어나고, 나는 얼마 가진 부자가 되겠구나' 하면서 상상의 나래도 펼치게 되지.

그런데 좋은 기분이 상상으로 그치는 것이 아니라 소비로 이어지는 경우가 있어. 공돈이 생긴 것 같아서 뭘 산다거나 한턱 쏜다거나 하는 거야.

하지만 주가가 올라 증권계좌의 자산이 늘어난 건 그냥 숫자에 불과해. 네가 1천만원을 투자했는데 주가가 올라 1,500만원이 됐다고 하자. 그럼 500만원의 차익이 생긴 거잖아. 그런데 이건 평가차익일 뿐이야. 현재 주가로 평가했을 때 차익이라는 거지.

주가는 거래가 이뤄지는 동안 실시간으로 바뀌기 때문에 500만원의 평가차익은 금세 600만원이 될 수도 있고, 반대로 금방 400만원, 300만원으로 줄어들 수도 있어. 평가차익이 줄어드는 데서 그치는 것이 아니라 오히려 손실로 돌아설 수도 있어. 오늘은 네 주식 자산이 1,500만원인데 주가가 갑자기 하락하면서 며칠 새 900만원, 800만원으로 줄어 오히려 투자원금보다 적어질 수도 있는 거지.

그래서 강조하고 싶은 건 평가차익에 너무 환호하지 말라는 거야. 주식을 팔아서 현금화하기 전까지는 언제든 바뀔 수 있는 이익일 뿐이야. 반대로 주가가 하락해 증권계좌에 파란색이 찍히면서 손해를 보고 있다고 해서 너무 좌절하거나 조급해 하지도 말아야 해.

주가는 늘 올랐다 떨어졌다 변하고, 그에 따라 네 증권계좌의 자산도 늘었다 줄었다 하는 거야. 증권계좌에 찍힌 네 자산은 숫자에 불과하니 그거 보고 일희일비하지 말라는 거지.

특히 미국 주식에 투자했다면 주가와 더불어 환율 변동까지 고려해야 하니 네가 진짜 얼마나 이익을 냈는지는 주식을 팔기 전까진 몰라. 네가 미국 주식을 팔 때의 주가와 그때의 원/달러 환율에 따라 네가 얻는 이익이 결정되거든. 그러니까 미국 주식은 더더욱 언제 파느냐가 중요해. 미국 주식의 주가가 많이 올랐다고 샴페인 터트리며 좋아라 하지 말라는 말이야.

앞에서 너무 감정적인 사람은 주식 투자에 어울리지 않다고 말했던 거 기억하니? 매일 네가 투자한 주식의 주가를 보면서 재산이 얼마 늘었네, 줄었네 하면서 마음이 요동치면 주식 투자를 잘할 수 없어. 주가가 조금만 오르면 좋아라 하면서 돈을 써버리고, 조금만 떨어지면 하루종일 침울해한다면 주식 투자가 문제가 아니라 네 정신 건강이 문제가 되잖아.

투자는 최종 수익률로 판단해야 한다는 점도 강조하고 싶어. 네가 주식에 투자해서 얼마를 벌었는지 계산할 때 주식 매매할 때 증권사에 내는 수수료와 국가에 내야 하는 세금은 당연히 제외해야 하고 물가상승률까지 반영해야 한다는 말이야. 물가상승률을 반영하라는 것은 물가가 오르는 만큼 돈의 가치가 떨어지니까 물가상승률을 감안하면 실제로 얻은 수익은 얼마인지 계산해보라는 거지.

예를 들어 연간 물가상승률이 3%라면 최소한 연간 3%의 수익률은 올려야 실질적으로 자산의 가치가 떨어지지 않고 유지된다는 의미야. 올해 1천만원을 투자했다면 내년에는 1,030만원이 돼야 1년 전 1천만원의 가치를 유지할 수 있다는 거지. 그러니 1,020만원이 됐다면 네 자산의 가치는 물가상승률을 감안할 때 오히려 떨어진 거야.

그런데 거래 수수료와 세금을 내야 하기 때문에 물가상승률이 3%인데 수익률이 3%라면 실질적으로는 손해가 돼. 최소한 수익률이 4%는 돼야 자산 가치가 조금이라도 늘어나는 효과를 기대할 수 있어.

요즘 증권계좌엔 증권사에 내는 수수료를 제한 수익률과 평가자산이 표시돼. 여기에 물가상승률을 감안해서 어느 정도 수익률을 올려야 자산 가치를 유지할 수 있는지 생각해봐. 그러면 주가가 좀 올랐다고 김칫국부터 마시는 실수는 피할 수 있을 거야.

다시 말하지만 증권계좌에 찍힌 네 평가자산은 그냥 숫자일 뿐이야. 주식을 팔아 현금화할 때까지는 쓸 수 있는 돈이 아니란 걸 명심해. 물가상승률과 세금을 감안하면 실제 자산의 가치는 증권 계좌에 표기된 자산보다 줄어든다는 점도 꼭 기억하고.

네가 산 주식의 주가가 좀 오르면 팔아서 돈을 쓰고 싶은 마음이 생길 거야. 주식 투자란 게 부자가 되려고 하는 건데 좋은 종목을 골라 빨리 돈을 벌고 싶은 마음도 있을 거고. 하지만 주식 투자할 때 빨리 부자가 될 생각은 절대 하지 마. 그런 조급함이 투자를 망치니까. 주식 투자로 큰 돈을 버는 비결은 시간에 있어. 오랜 시간을 인내하며 꾸준히 투자해야 돈이 눈덩이처럼 불어나는 복리의 효과를 누릴 수 있거든. 젊어서 부자 되는 게 좋지 나이 들어서 부자가 되면 뭐하냐고? 모르는 소리! 이 마지막 장을 읽으면 일생에 걸쳐 천천히 부자가 되는 것이 진짜 복이라는 사실을 알게 될 거야.

5장

엄마,
주식 팔아
돈 쓰고 싶어

팔지 마, 시간이 돈이야

* * *

오래 투자할수록 이자에 이자가 붙는 복리의 힘으로 자산은 기하급수적으로 늘어나. 어떤 의미에선 투자금액보다 투자기간이 더 중요해. 그러니 천천히 부자가 되겠다는 생각으로 투자해.

뭐? 주가가 많이 올랐으니 이제 차익 실현하고 싶다고? 주가가 떨어지면 이익이 줄어드니까, 팔았다가 주가가 떨어지면 다시 들어가겠다고?

에휴, 내가 지금까지 설명한 내용을 귀가 아니라 코로 들었니? 주가가 어떻게 움직일지 어떻게 알고 지금 팔아 더 쌀 때 다시 들어가겠다는 거야? 물론 주가가 떨어질 수 있어. 하지만 주가가 계속 오르면 넌 지금 팔았다가 주가 상승의 기회를 영원히 놓치거나 아니면 비싸게 주고 다시 들어가야 해.

좋은 주식인데 주가가 많이 올랐다는 이유로 매도하진 마. 앞에서 설명한 좋은 기업이라도 매도해야 하는 다섯 가지 경우라면 팔아도 좋아. 하지만 이때라도 주식 판 돈은 딴 데 쓰지 말고 다른 좋은 주식에 다시 투자해. 주식은 장기간 꾸준히 투자하는 게 중요하기 때문이야. 투자기간이 길어질수록 자산이 급격하게 불어나거든.

실제로 워런 버핏이 부자가 될 수 있었던 가장 큰 비결은 나이, 즉 오랜 시간이라는 우스갯소리가 있어. 오래 살면서 돈이 눈덩이처럼 불어나는 복리의 마법을 최대한으로 누린 결과 부자가 됐다는 뜻이야. 복리란 이자에 이자가 붙는 것을 말하는데 기간이 오래될수록 원금이 기하급수적으로, 그야말로 폭발적으로 늘어나 마법 같다고들 해.

버핏은 20세 때 재산이 1,200만원가량이었는데 주식 투자로 26세 때 2억원 넘게 불려. 그리고 이 돈이 39세에는 2천억원으로 늘어나지. 연평균 29.5%의 수익률을 13년간 올린 결과야. 50세에는 재산이 5천억원으로 늘어나. 하지만 이 돈은 현재 버핏의 재산에 비하면 1%도 안 돼. 90세인 2020년 현재 재산은 100조원을 훌쩍 넘으니 말이야.

버핏은 1965년에 인수한 버크셔 해서웨이라는 회사를 통해 투자를 하는데, 이 회사의 연평균 수익률은 21%에 달해. 연평균 수익률이 21%라면 10년이면 자산은 6.7배로 늘어나고, 20년이면 45.3배가 돼. 30년이면 304.5배, 40년이면, 2048.4배로 증가하지. 시간이 흐를수록 자산이 기하급수적으로, 그야말로 폭발적으로 늘어나는 거야. 그래서 복리를 마법이라고 부르는 거야.

버핏처럼 연평균 20%가 넘는 수익률을 몇십 년간 유지하는 건 극히 어려워. 하지만 연평균 6%의 수익률은 충분히 기대할 수 있지. 1900년부터 2000년까지 100년간 전 세계 16개국 증시의 실질 수익률을 계산해보니 연평균 5.8%였거든. 장기 채권의 연평균 수익률 1.2%를 크게 웃돌았지. 이 내용은 런던 비즈니스 스쿨의 엘로이 딤슨과 폴 마시 교수가 지은 『낙관론자들의 승리』란 책에 상세히 나와 있어.

'연평균 6%의 수익률로 부자가 될 수 있겠어?'라는 의심이 드니? 물론 버핏 같은 부자는 될 수 없겠지. 하지만 적은 돈으로도 노후를 편안하게 즐길 만한 부자는 충분히 될 수 있어. 실제로 계산을 해볼까?

네가 매월 30만원씩 적립해 복리로 연평균 6%의 수익을 거둔다고 해보자. 매월 30만원이면 1년에 360만원밖에 안 되는 돈이야. 그런데 30년 후엔 3억원 남짓의 자산을 모을 수 있어. 50년을 모은다면 얼마나 될까? 6억원? 7억원? 아냐. 11억 4천만원이야. 30년까지 3억원을 모았는데 20년을 더하면 11억원이 넘어. 이게 바로 복리의 힘이야. 이자에 이자가 붙어서 시간이 길어질

수록 돈이 눈덩이처럼 불어나는 거지.

만약 매월 적립하는 돈을 50만원으로 늘리면 30년간 5억원, 50년간 19억원, 100만원으로 늘리면 30년간 10억원, 50년간 38억원이 넘는 돈을 모을 수 있어. 여기서 눈여겨 봐야 할 것은 월 30만원씩 50년이면 11억원인데 월 100만원씩 30년이면 10억원이란 사실이야. 즉 매월 적립하는 금액보다 기간이 돈을 더 불리는 데 중요하다는 말이야.

그러니까 타이밍을 노리면서 샀다 팔았다 하지 말고 25세부터 75세까지 50년 투자한다고 생각하고 오래, 꾸준히 투자하렴. 빨리 부자가 되겠다는 생각을 버리고 거북이처럼 천천히 부자가 되겠다고 결심하면 반드시 부자가 될 수 있을 테니까. 이건 현재 세계 5위 안에 드는 부자 두 사람의 생각이니 틀림없어.

아마존의 창업자이자 최고경영자CEO로서 현재 세계 1위 부자인 제프 베이조스가 한 모임에서 워런 버핏을 만나 이렇게 물었어. "당신은 세계 2번째 부자이고 부자가 된 방법은 너무 간단한데 왜 사람들이 당신의 방법을 따라하지 않을까요?" (당시엔 버핏이 빌 게이츠 다음으로 세계 2위의 부자였어.)

버핏의 대답은 "아무도 천천히 부자가 되는 것을 원하지 않기 때문이죠"라는 것이었지.

젊어서 부자 되고 싶다고? 뭐하게?

• • •

누구나 일찍 부자가 되기를 원해. 하지만 젊어서 부자가 되는 것이 오히려 인생의 불행일 수도 있어. 인생의 소중한 것을 배울 시간이 충분하지 않은 상태에서 교만해지기 쉽거든.

넌 젊어서 부자가 되고 싶다고? 그래, 무슨 말인지 알겠어. 다 늙어서 부자가 되면 뭐 하냐는 거지? 젊어서 부자가 돼야 의미가 있지. 그러니까 수익률이 높은 종목에 투자해서 빨리 돈을 불리고 싶다는 거네.

그런데 단기간에 높은 수익률을 올리겠다는 생각은 주식 투자에서 정말 위험한 생각이야. 주가 움직임은 누구도 예측할 수 없는데 어떤 종목이 고수익을 낼 줄 알고 달려들어? 결국 "뭐가 몇 배 올랐다"는 식의 말만 듣고 불나방처럼 테마주 같은데 뛰어들다가 폭망하는 거지. 테마주는 어떤 이슈가 있을 때 수혜가 예상된다며 함께 올라가는 주식을 말해. 대개 기업의 본질적인 가치와는 상관없이 올라갔다가 이슈가 잦아들면 급락하지.

네가 젊어서 부자가 되고 싶은 이유는 뭐니? 돈 걱정 없이 살고 싶다는 거? 그렇지. 좋은 지역에 넓고 깨끗한 집에 살면서 무엇인가를 구매할 때도 돈 걱정 없이 네가 가장 좋아하는 것을 살수 있는 자유, 생각만 해도 좋지. 직장도 '돈이 있으니 언제 잘려도 괜찮다'라는 생각으로 비굴하지 않게 다닐 수 있고. 대부분 생계 때문에 회사에 다니는데 돈 많은 사람은 자아실현을 위해 좋아하는 일을 하는 것 같잖니?

그런데 출처도 없이 세간에 회자되는 말 중에 '남자 인생 3대 불행'이라는 것이 있어. 소년등과少年登科, 중년상처中年喪妻, 말년궁핍末年窮乏이야. 소년등과는 젊어서 과거에 급제한다는 거니 젊어서 돈 많이 벌고 출세하는 것, 중년상처는 중년에 아내가 없는 것, 말년궁핍은 늙어서 가난한 것을 말해.

이 중에서 소년등과는 좋은 일 같은데 불행이라고 하니 이상하지? 소년등과가 불행한 이유는 말년이 좋지 않을 가능성이 아주 높기 때문이야. 왜냐고? 다섯 가지 이유가 있어.

첫째는 일찍 성공하면 행운을 자기 실력으로 착각하기 쉽다는 거야. 젊어서 성공하면 경험이나 노하우가 축적될 시간이 짧아. 그런데도 성공했으니 자기가 잘 났다고 생각하지. 실은 자기 실력이 뛰어났기 때문이 아니라 단순히 운이 좋아 성공한 것일 수 있는데 말이야.

그런데 행운이 영원히 계속될 수는 없잖아. 결국 언젠가는 실패하게 되는데, 젊어서 성공한 사람은 실패한 경험이 별로 없이 늘 스포트라이트만 받아왔기 때문에 잘 극복하지 못하는 경향이 있어. 자기가 잘못했다는 것을 인정하지 못하고 환경을 탓하거나 다른 사람을 탓하기 쉽지. "난 크게 성공했던 사람이야. 내가 실수했을 리가 없어." 이런 식으로 말이야.

둘째, 일찍 성공하면 소중한 것을 잘 몰라. 노력하고 고생해서 천천히 차근차근 돈을 벌고 높은 지위에 올라가야 돈이 소중한 줄 알고 지위가 무서운 줄 아는데, 빨리 돈 벌고 빨리 출세하면 돈이 귀한 줄 모르고 자기 역할의 막중함을 깨닫지 못해.

더 문제는 사람이 소중한 것도 잘 모른다는 거야. 돈이 있으니 주위에 사람들이 몰리지 않겠니? 늘 사람들이 북적이니 정말 자신에게 가치 있는 사람이 누군지 분별하지 못한 채 사람이 흔한 걸로 알고 언제든 마음에 안 들면 바꿀 수 있다고 생각해. 결국 주위에 좋은 사람이 남아 있기 힘들어지지.

셋째, 일찍 성공하면 교만해지기 쉬워서 남의 말을 잘 안 들어. 늘 자기가 옳다고 생각하니까. 주위의 좋은 조언을 받아들이지 못하고 독불장군처럼 행동하다 실수하기가 쉽지.

넷째, 젊어서 잘 나가면 주위의 시기와 질투를 받아 경계의 대상이 되기 쉬워. 그러다 보면 모함하는 사람도 생길 수 있고. 겸손한 태도와 낮은 자세로 사람들을 대하면 이런 시기와 질투, 모함 속에서도 너를 지지해줄 사람들이 생기는데 자기가 잘났다고 교만하게 행동하면 어려울 때 주위에 도와줄 사람이 없어.

다섯째, 인생을 탕진하기 쉬워. 젊었을 때 이미 많은 것을 이뤘기 때문에 더 이상 의미 있는 목표를 찾지 못한 채 그냥 돈 벌고 돈 쓰고 인생을 누리는 데 집중하면서 인생을 흘러 보낼 수 있어. 물질적으로 풍족하고 주위의 인정을 받으니 이게 다인가 보다 하며 더 이상의 성장을 추구하지 않게 되는 경우가 많아. 인생을 의미 있게 살기 위한 고민이나 노력에 소홀해질 수 있다는 거지.

그리고 가난한 채로 평생 사는 사람보다 부자였다가 가난해진 사람이 더 불행할 수 있다는 거 아니? 부자였다가 가난해진 사람은 환경 변화를 받아들이기 힘들거든. 낮아진 환경에 적응하지 못한 채 과거 잘 나갔을 때만 생각하며 평생을 옛날 얘기만 하고 살기 십상이야.

미국 극작가 테네시 윌리엄스의 〈욕망이라는 이름의 전차〉라는 희곡을 보면 이런 상황을 잘 알 수 있지. 젊어서 풍족했다가 나이 들어 추락한 한 여성의 삶이 얼마나 비참해질 수 있는지 생생하게 담고 있거든. 젊어 성공했다 말년에 궁핍해지느니 차라리 평생 가난하지만 성실하게 사는 게 낫다는 게 엄마 생각이야.

결론적으로 소년등과는 노년궁핍으로 이어질 수 있기 때문에 인생의 불행인 거야. 주가 그래프도 천천히 우상향하는 모습이 가장 아름답지? 인생도 마찬가지야. 노력하고 고생하면서 배울 것 배우고, 경험할 것 경험하면서 천천히 위로 올라가는 삶이 가장 아름답고 가치 있단다.

부자라고 특별한 것은 없어!

· · ·

세계적인 부자들의 일상이 평범한 사람과 유별나게 다를 건 없어. 오히려 그들은 누구보다 규칙적으로 생활하면서 열심히 일해. 평범한 일상을 성실히 살아내는 것, 이것이 부자의 삶이야.

너는 부자가 되면 뭔가 대단하게 인생이 바뀔 것처럼 생각하지만 실제로 부자들의 삶을 보면 그렇지 않아. 성공해도, 부자가 돼도 특별한 인생은 없어.

워런 버핏만 해도 돈이 많다고 특별히 화려한 삶을 사는 게 아니야. 일어나 식사하고 출근하고 보고서 읽고 투자 결정 내리고 퇴근해 집에서 저녁 먹고 브리지라는 카드 게임을 하다가 자는 게 다야.

버핏은 사는 집도 극히 평범해. 1958년에 자신의 고향 네브래스카주 오마하에 3만 1,500달러(약 3,800만원)에 구입한 집에서

60년 이상 살고 있어. 이 집은 지금 기껏 7억원 정도에 불과해. 좋아하는 음식은 햄버거에 코카콜라. 좋은 옷에도 관심이 없고, 그냥 책 읽고 투자하는 게 즐거움이야.

테슬라의 CEO(최고경영자) 엘론 머스크도 마찬가지야. 머스크는 한때 주말도 없이 일주일에 120시간씩 일했던 일벌레로 유명해. 그나마 최근 일을 줄인 게 일주일에 80여 시간이야. 머스크는 테슬라 외에 우주탐사기업 스페이스X의 CEO이자 태양광업체 솔라시티의 회장으로도 일하기 때문에 시간을 5분 단위로 관리할 정도로 바쁘게 살아.

시간에 쫓겨 아침은 굶고 점심은 5분 만에 때우고 그나마 저녁만 사람들과 미팅하느라 제대로 먹는다고 하더라고. 일이 많아 휴가도 거의 가지 못하고 청바지에 티셔츠를 주고 입으니 개인적으로 돈도 거의 쓰지 않는다고 해.

SNS 트위터와 결제서비스 스퀘어의 창업자 겸 CEO인 잭 도시도 일찍 일어나 명상하고 운동하고 걸어서 출근하는 소박한 생활을 하는 것으로 유명해. 게다가 자신의 주식을 직원들에게 나눠주고, 기부에도 앞장서고 있지.

성공하면 좋은 집에서 좋은 음식 먹으며 원하는 것 누리며 살수 있는 것은 사실이야. 하지만 성공했다고 중산층의 평범한 사람과 일상이 크게 달라지는 것은 아니야. 많이 달라진다면 아마도 그 성공은 오래가기 힘들겠지. 돈이 많다고 일상이 바뀌었다면 그건 이미 그 사람이 돈에 취해 교만해졌다는 증거일 테니까.

TV나 영화에서 보여주는 부자들의 화려한 삶은 일부의 얘기일 뿐이야. 실제 대부분의 부자들은 돈이 아니라 의미 있는 일에 목표를 두고, 성실하고 규칙적으로 별반 특별할 것 없는 일상을 살아.

특별할 것 없는 부자들의 생활에서 정말 특별한 것을 꼽자면 루틴^{routine}이 아닐까 싶어. 루틴은 매일 반복적으로 하는 일을 말하는데, 많은 부자들이 자신의 루틴에 따라 굉장히 규칙적으로 살더라고. 생활에 일탈이 별로 없다는 얘기지. 부자들에게 가장 많이 발견되는 루틴은 잠을 충분히 자고 일찍 일어나고 운동하고 명상하고 정해진 시간에 일하고 책 읽는 거야. 정말 건전하지 않니?

반면 성공하지 못하는 사람들의 일상엔 자기 주도적인 루틴이 없어. 아침에 마지못해 일어나 도살장에 끌려가는 소처럼 출근하고, 하기 싫은 일을 억지로 하면서 근무시간을 때우고, 퇴근한 후에는 술을 마시거나 사람들과 어울려 의미 없는 말을 주고받으며 시간을 보내고, 집에 돌아와 휴대폰을 보거나 빈둥거리다 늦게 자고 늦게 일어나지.

너는 젊었을 때 돈을 많이 벌었으면 좋겠다고 하지만 지금 돈이 없어도 이미 부자처럼 살 수 있어. 규칙적인 루틴을 갖고 건전하게 사는 거지. 그러면 가난하나 부유하나 생활이 크게 달라질 게 없어. 그러다 보면 시간이 흐르면서 자연스럽게 부자가 된 너 자신을 발견할 수 있을 거야.

돈, 쓰는 재미보다
모으는 재미

· · ·

돈을 쓰는 건 즐겁지. 하지만 돈을 모으는 데서 기쁨을 찾지 못하면 부자가 될 수 없어. 다만 돈을 아껴 모으면서도 너 자신에 대한 투자와 남을 돕는 데 쓰는 돈은 아끼지 말아야 해.

주식 투자로 부자가 되려면 돈을 쓰는 것보다 돈이 불어나는 것을 인내하며 지켜보는 것에 더 재미를 느낄 수 있어야 해. 돈을 쓰는 걸 좋아하면 오랫동안 돈을 모으는 것이 너무나 지루하고 힘들거든.

'아니, 쓰지도 못할 돈 왜 모으는 건데?'라는 불평이 올라오지. 게다가 복리의 효과를 설명할 때 강조했던 것처럼 돈 모으는 기간이 1~2년이 아니라 50년은 돼야 월급으로 부자가 될 수 있으니 말이야.

50년간 낭비하지 않고 절제하며 돈을 모으려면 세 가지 지침이 머릿속에 박혀야 해.

첫 번째 지침은 '부자가 되는 데 중요한 것은 소득이 아니라 절약이다'야. 돈을 아무리 많이 벌어도 씀씀이가 크면 남는 게 없어. 적게 벌어도 알뜰하게 쓰고 투자하면 부자가 될 수 있어. 돈을 많이 벌려고 무리하거나 욕심 부리지 말고, 돈을 낭비하지 않고 아껴 쓰는 데 초점을 맞춰봐.

두 번째 지침은 '증권계좌의 돈은 집을 구매할 때 외엔 은퇴할 때까지 인출해 쓰지 않는다. 연금은 은퇴할 때까지 건드리지 않는다'야. 주식과 연금에 투자한 돈은 없는 돈이라고 생각해. 아예 중간에 찾아 쓸 생각을 하지 않도록 말이야. 그 돈은 없어도 살 수 있어. 불필요하게 비싼 집 산다고, 아이 유학 보낸다고, 어디에 투자하면 좋다는 말을 듣고 증권계좌의 돈을 빼내 쓰거나 연금을 중도 해지하지 말라는 거야.

세 번째 지침은 '알뜰하게 쓰되 자신에 대한 투자와 남을 돕는 데 쓰는 돈은 남긴다'야. 매월 소득의 일정 금액을 저축하고 투자하고 난 뒤 남는 돈으로 살려면 빠듯할 거야. 그래도 너 자신에 대한 투자는 해야 하고, 남에게 인색해서도 안 돼.

일을 하든 투자를 하든 지식과 기술, 노하우가 있어야 하니 그런 지식과 기술, 노하우를 얻는 데 필요한 돈은 써야 해. 하지만 남에게 내보이려는 간판이나 자격증을 따느라고 시간과 돈을 낭비하진 마. 너의 본질적인 가치를 높일 수 있는 공부인지 파악한 뒤 투자하라는 거야.

취직하기가 어려우니 무조건 어학시험을 치고 자격증을 따고 석사, 박사 학위를 따는 사람들이 있어. 하지만 '어쨌든 취직하는 데 도움이 되겠지'라는 생각으로 하는 이런 목적 없는 자기 투자는 남는 게 없어. 네가 하려는 본질적인 일이 뭔지 명확하게 정한 뒤 그 일에서 너의 경쟁력을 높일 수 있는 공부를 하라는 말이야.

단순한 것이 성공하는 길이야. 단순하다는 것은 인생의 본질은 남기고 비본질은 거둬내버리는 거지. 남에게 보이기 위해 비본질적인 일을 하는 것은 인생을 낭비하는 거야.

본질에 집중하려면 무엇보다 네 자신을 아는 것이 중요해. 너는 어떤 인생을 살고 싶은지, 목표가 뭔지, 세상을 떠날 때 이 세상에 무엇을 남기고 싶은지 알아야 해.

자기계발 저자이자 투자자인 팀 페리스란 사람이 지은 『지금 하지 않으면 언제 하겠는가』란 책이 있어. 그 책에 보면 『사피엔스』와 『호모데우스』 등을 지은 이스라엘의 역사학자 유발 하라리의 말을 인용한 대목이 있어.

2040년이 되면 당신은 알게 될 것이다. 당신이 알고 있는 것들 중 하나만 빼고는 모두 쓸모 없어진다는 것을. 유일하게 쓸모 있는 지식은 '당신 자신에 대한 앎'이다. 지금 당신이 가장 먼저 해야 할 일은 소크라테스의 '너 자신을 알라'를 끈질기게 실천하는 것이다.

인공지능^AI이 인간의 지식을 능가하는 상황에서 인간이 AI를 이기는 길은 자기 자신을 잘 아는 것, 그리고 이 지식으로 남의 마음을 헤아리는 것이란 뜻이 아닐까 생각해. 그러니 무엇보다 너 자신을 아는 데 시간과 노력을 기울이고, 그 마음으로 남의 마음을 헤아렸으면 해. 그런 점에서 남에게 절대 인색하게 굴지 않았으면 해.

네가 번 돈은 네 노력으로만 번 것이 아니야. 나라가 있고 주위 사람들의 도움이 있기 때문에 네가 돈을 벌어 먹고살 수 있는 거야. 그러니 '내가 번 돈은 다 내 돈'이라고 생각하지 말고 '내가 번 돈은 사회의 도움으로 내게 맡겨진 돈'이라는 생각을 가져야 해. 그럼 네가 쓸 것을 줄여서라도 남을 돕는 데는 돈을 아끼지 않을 수 있을 거야.

네가 돈을 쓰는 것보다 돈이 불어가는 것에서 더 큰 기쁨을 느끼고, 너 자신이 좋은 것을 누리는 것보다 다른 사람들이 좋은 것을 누리고 행복해 하는 것에서 더 큰 즐거움을 발견할 수 있다면, 네가 부자가 되는 것은 시간문제일 뿐이야.

주식 투자는
선택이 아니라 필수야

• • •

금리가 0%대로 떨어진 시대에 안전한 은행 예적금만 하겠다는 것은 재산 증식을 포기하겠다는 의미야. 원금 손실의 위험을 감수하고라도 주식 투자에 나설 수밖에 없는 시대가 된 거지.

한국 부모들 중에 자식에게 주식 하라는 부모는 아마 거의 없을 거야. 주식 하면 망한다, 주식이나 도박이나 뭐가 다르냐, 이런 인식이 뿌리 깊게 박혀 있거든.

사실 엄마 주변에도 주식 하다가 아파트 두 채 날리고 반지하로 쫓겨난 사람이 있어. 집에 뭐 하러 큰 돈 쓰냐며 전세로 살면서 집 살 돈으로 주식만 하다가 돈도 못 벌고 나이 들어 무주택자인 사람도 있어.

부동산은 계속 올랐지만 국내 증시의 코스피지수는 박스권에서 올랐다 떨어졌다를 계속 반복만 하니 집 산 사람들은 부자가 됐지만 주식으로 부자 된 사람은 찾아보기 힘든 것도 현실이야. 오죽했으면 코스피를 박스권에 계속 머물러 있다고 해서 박스피라 부르겠니?

그럼에도 엄마가 너에게 일찍부터 주식을 하라고 이렇게 길게 얘기한 이유는 이제는 주식을 외면하고선 자산을 불리기가 불가능한 세상이 됐기 때문이야. 금리가 0%대로 떨어지면서 이른바 '제로(0) 금리' 시대가 열렸잖아. 제로금리라는 건 안전한 은행에 돈을 맡겨서는 자산이 불어나는 것을 기대하기 힘든 세상이 됐다는 뜻이야.

이건 '72의 법칙'으로 생각해보면 쉽게 이해가 될 거야. 72의 법칙은 72를 연평균 수익률로 나누면 원금이 두 배가 되는데 걸리는 대략적인 기간이 나온다는 거야. 연평균 수익률이 12%라면 원금이 두 배가 되는 데 6년이 걸리는 거지. 6%라면 12년, 3%라면 24년이 걸려.

연평균 수익률 3%까지는 어느 정도 자산이 불어난다고 할 수가 있는데 연평균 수익률이 1%로 떨어진다고 해봐. 70년이 있어야 원금이 두 배가 되는 거야. 72의 법칙은 수익률이 낮아질수록 오차가 생겨서 연평균 수익률이 1%일 때 원금이 두 배가 되는 기간은 72년이 아니라 계산해보면 70년이 나와.

그런데 지금은 은행에 돈을 넣어봤자 금리가 연 1%도 안 되잖아? 만약 금리가 연 0.5%라면 원금이 두 배가 되는 데 139년이라는 어마어마한 시간이 필요해. 금리가 연 1%든, 연 0.5%든 네가 돈을 벌기 시작하는 나이를 생각하면 일생에 원금이 두 배가 되는 것은 볼 수가 없다는 얘기야.

그러니 은행 예금으로 돈을 모아 집을 사고 노후 대비를 한다는 게 가능하겠니? 네가 은행 적금으로 매달 50만원씩 모은다고 할 때 금리가 연 0.5%면 30년을 부어도 1억 9천만원이 좀 넘는 돈밖에 못 모아. 세금을 제외하면 30년간 은행에 적금을 넣어서 붙는 이자가 고작 1,200만원 수준이야.

상황이 이러니 예금자보호가 되는 은행 예적금만 고수하겠다는 것은 그야말로 자산 증식을 포기하겠다는 얘기나 마찬가지지. 금리가 1% 미만인 영역은 자산 증식이 사실상 멈춰버리는 블랙홀이나 마찬가지니까.

그런데 수익률을 연 5%로 올리면, 매월 50만원씩 30년을 모았을 때 3억 8천만원이 넘는 돈이 생겨. 금리가 연 0.5%일 때에 비해 자산이 두 배 더 늘어나는 거지. 바로 이게 금리 0%대 시대에 손실 위험을 감수하고라도 주식 투자를 반드시 할 수밖에 없는 이유야.

부동산은 단위가 억대가 넘어가기 때문에 돈을 모을 수 있는 수단은 아니라는 거 알지? 부동산 투자는 이미 억대가 넘어가는 종잣돈이 있어야 할 수 있어. 돈을 모아서 불리는 데는 이제 주식이 거의 유일한 수단이야. 물론 주식 투자는 수익률을 좀 올리겠다고 시도했다가 수익은커녕 원금까지 까먹을 수 있는 위험한 길이긴 해. 하지만 이 위험을 감수하지 않고서는 월급으로 돈을 모아 집도 못 사고 노후 대비도 못하는데 어쩌겠니?

지금까지 설명한 방법을 그대로 실천한다면 주식 투자가 그리 위험한 길은 아닐 거야. 주식 투자는 자산 평가액이 주가 등락에 따라 변하는 스릴 넘치는 길이긴 하지만 기업을 공부하고 투자한 뒤 참고 기다리면 반드시 성과가 있을 테니까.

이제 주식 투자라는 모험에 뛰어드는 너에게 『돈, 뜨겁게 사랑하고 차갑게 다루어라』라는 책에 나오는 앙드레 코스톨라니의 명언을 전하며 글을 맺으려 해. 네가 하려는 주식 투자가 무엇인지, 네가 어떻게 주식 투자를 해야 하는지 명확히 알려주는 말이야. 그러니 이제 정신 바짝 차리고 주식 투자의 바다로 항해를 시작하렴.

투자는 부와 파산 사이를 오가는 위험한 항해이다. 이때 필요한 것은 훌륭한 배와 똑똑한 항해사일 것이다. 훌륭한 배란 무엇인가? 돈, 인내, 강인한 신경으로 무장한 배이다. 똑똑한 항해사는 어떤 사람인가? 경험이 풍부하고 주체적으로 생각하는 사람이다.

마지막으로 하나만 덧붙일게. 주식을 처음 시작하는 너에게 경험은 없다고 생각하겠지. 하지만 이 책에 엄마의 미천한 투자 경험은 물론 세계적인 투자자들의 투자 노하우와 경험을 종합해 넣어놓았으니 이 책으로 얻은 간접 경험이 너를 똑똑한 항해사로 만들어줄 것이라 믿어.